自帶幸福的體質

心理諮商師的72場知心對話，
養成情緒自處、情感自主的快樂體質

青音　著

高寶書版集團

序／什麼樣的人，自帶幸福體質？

我常常想，要走多遠的路，要經歷多少人，一個女孩才能真正成長為一個女人呢？開始面對這個問題的那一年我十一歲，隔壁家的一位非常年輕漂亮的阿姨，突然間失去了最愛她的父親。

我清楚地記得，那天的天很藍，在灑滿陽光的樓梯間裡，俏麗的阿姨碰見背著小書包的我，她蹲下來，我以為她會像往常一樣遞糖果給我，可是那天，她只是摸摸我的小羊角辮，又拍拍我的小書包，最後把視線停留在我胸前的粉色蝴蝶結上。她眼神熱切地看著我，一字一頓地跟我說：「乖，真羨慕你，你知道嗎？阿姨再也不能做小女孩了，因為我沒有爸爸了。」她的聲音輕柔而顫抖。

從一個女孩成長為一個女人的過程是很疼痛的——

有的女孩是因為一個男人成長為一個女人；有的女孩是因為一個孩子成長為一個女

人；有的女孩是因為生命中的一個重大改變或者是重大喪失，成長為一個女人；而我，是因為一檔節目成長為一個女人。

「嗨，你好，我是青音，你是哪一位呢？今天過得好嗎？」

這句話我說了十六年。

中央人民廣播電臺第一檔節目《面向中國》有近四億的聽眾，我曾經每晚在電波裡陪伴大家進行情感心理疏導，這檔聞名中國的夜間廣播節目，我做了十六年。

我曾經在二〇一〇年獲得「全國播音主持金話筒」的特別提名獎，二〇一一年獲得「全國播音主持金話筒獎」主持人獎，兩次獲得這個廣播主持界的最高獎項，是聽眾對我職業生涯的肯定。

為了做好節目，我跟心理學打了十二年交道，先後參加了「家庭治療學派心理治療師·中國和德國聯合培訓專案」（中德班三期）和「北京大學精神衛生研究所精神分析師培訓專案」，在CCTV《購時尚》、《心理訪談》、遼寧衛視《復合天使》、旅遊衛視《音樂心旅程》等節目中擔任心理點評嘉賓和特邀主持人，我在網路上有近千萬粉絲，我叫他們「音符」。

二〇一五年我成為著名投資人李開復先生在中國投資的第一位主持人，那年冬至的晚上，我的一篇公眾號文章〈再見中央台，再見廣播〉，紅遍了全國媒體人的網路社群，從那之後，我投身創業大軍，成了一名女性 CEO。

從此，我的驕傲不再了，取而代之的是一眼望不到盡頭的焦慮……

我曾經有過在連續二十天的時間裡，幾乎沒有深度睡眠的經歷，作為一名心理諮詢師我很清楚，超過兩個星期以上失眠，就碰得上憂鬱症的診斷標準了。也曾經有很多次，我在投資人的辦公室裡被直接說哭，投資人失望地看著焦慮憔悴的我說：「你這樣像一個女創業者嗎？」

怎樣才能成為一個像樣的女創業者呢?! 沒有人給我答案。

「女漢子」這個詞很流行，但是創業以後的我沒有經歷這個階段，我從「女子」直接跳到了「漢子」，我拍著桌子跟人吵架，帶團隊不順利時發起脾氣來青筋暴突……作為一個女人，這個樣子是我想要的嗎？

那段時間裡，混亂、失眠、焦慮、憂鬱、糾結、自我否定、自我懷疑，所有的壞情緒一起湧了上來。

後來有一個傢伙一把把我從負能量的泥淖中打撈了出來，這個傢伙叫——幸福體質。

幸運的是，我是個自帶「幸福體質」的女人，我想這首先得益於我的原生家庭，我有一對非常恩愛而且懂得如何愛我的開明父母，他們都是下過鄉的知識青年，而且互為知音，我的名字「青音」就是他們相愛的見證。更重要的是，多年來堅持學習心理學和運用心理學，讓我把我的「幸福體質」打造得更加堅韌有力。

那如果「幸福體質」先天不足，又後天失調可怎麼辦？

比如沒有夠好的原生家庭，從小對愛有非常強烈的匱乏感，長大後又在一次次對他人索取愛的過程中心酸和心碎，那麼我們該如何從心開始，重塑自己的「幸福體質」呢？

在這本書裡，我會告訴你一些方法。

在開始閱讀前，請先將以下三個關鍵字牢牢記在心裡：

幸福體質關鍵字一：我重要

記得多年前作家畢淑敏有一篇散文叫〈我很重要〉，當年我在節目裡讀給聽眾聽的時候讀得心潮澎湃，鼻尖冒汗。但事實上女孩子們從小到大，大部分人都是生長在「我不重要」的語言環境裡——

有很多的媽媽說：「你是女孩，早晚是要嫁人的，讀什麼名校，你沒你哥哥（你弟弟）重要。」

有很多的爸爸說：「你跟你媽一樣，頭髮長見識短！」

還有很多的老師會說：「這位女同學，你怎麼這麼爭強好勝呢！」

你是女孩，別那麼愛出風頭，你不重要。

你是女孩，別那麼多想法和主張，你不重要。

你是女孩，受點委屈忍著就得了，你不重要……

我有一個閨密告訴我，她從小就是家裡聲音最微弱的孩子，聲音微弱到什麼程度呢？有一次弟弟跟她鬧著玩，一把把她推倒在了沙發上，一顆釘子扎進了她的小腿裡，可是當時她看爸爸媽媽好像在吵架，於是就一聲不敢吭地那麼坐著，忍著，等著，直到汩汩的鮮血流了一地。

成年後的她，在戀愛中總是遇到不珍惜她的渣男，後來她患上了憂鬱症，也時常伴隨恐慌發作。

從「我不重要」到「我很重要」，我們究竟該怎麼做呢？

1. 與原生家庭和解

原生家庭現在是一個特別熱門的概念，但它其實不是心理學當中一個非常完整的理論體系。原生家庭理論跟心理學的結合最早可以追溯到佛洛伊德的時代，佛洛伊德將其歸結為：我們成年之後所有的人格缺陷，都跟我們不愉快的童年經歷有關。美國心理學家、精神病學家卡倫·荷妮則直接歸納了來自父母的幾大「基本罪惡」，包括「冷漠」、「不守承諾」、「偏愛」、「羞辱」等，這些將對孩子產生嚴重的傷害和深刻的影響。

心理學家弗里曼認為，人在家庭的經歷中，不可能沒有情感未了的需要。也就是說，沒有絕對完美的原生家庭。原生家庭的不足，將成為一個人後續人生的索求和追逐。比如，來自沒有安全感的家庭的人，往往會想在配偶身上找到安全感。

作為一名心理學工作者，我還是深信雖然原生家庭對人有深刻的影響，但原生家庭只是人生成長的「有限責任公司」，有一段話是我在我的節目裡解決原生家庭的案例時會反覆強調的：「你的原生家庭，就是你的命運，但它也只能影響你的前半生；你後半生的命運，應該是成長，是愛。而心理學對人最大的意義，便是陪你成長，陪你學習愛。」

如果一個成年人不能做到與原生家庭和解，那他其實還未真正長大。

但和解不是和好，和解不是握手言歡，不是說父母曾經那樣地傷害了你，你就原諒他吧——你可能真的做不到，也很少有人會做到。

所謂和解其實是承擔，你長大了，你不再把你所有的人生不幸福、不快樂、不如意、不成功，所有一切的責任全部丟給父母，丟給原生家庭。你可以從此放下怨恨，重新審視自己的父母，重新用平和的視角去看待他們，明白他們童年時也是沒有被好好愛過的孩子，而父母在處理他們之間的矛盾和糾葛的時候，也會幼稚糊塗得像個不懂事的孩子，他們其實也不會愛。當你明白了這一點，其實你就已經邁出了與原生家庭和解的第一步，然後承擔起自我成長的責任，把自己從怨懟的情緒裡拉出來，並且相信自己有能力讓自己活得更好。

2.與不完美的自己和解

在心理學領域，有一個很時髦的詞叫作「自我接納」。有太多人提過自我接納，可是你知道怎麼做才能真正自我接納嗎？

你可以將「自我接納」的心理過程分為兩步：

第一步，接受那些你不能改變的。

比如，我的身高是我不能改變的；我的智商天賦是我不能改變的；我的原生家庭是我不能改變的；過去已經發生的那些糟糕、傷心的事情，是我不能改變的……那麼，我不要再跟它較勁了，我決定放過我自己。

第二步：去改變那些你能改變的。

我的身高是不能改變的，但是我可以穿上高跟鞋，我可以學會穿衣搭配、揚長避短，我可以挺胸收腹，讓自己看起來很有精氣神；我的智商天賦是我不能改變的，但我可以學習情緒管理、學習提升情商、學習自我成長、加強自我修煉；我的原生家庭是我不能改變的，但是我可以透過學習心理學知識，學會觀照和反思自己，學會從心理上重新養育自己，做自己的內在父母，不把原生家庭的羈絆和陰影帶到我的新生家庭裡，影響到我的孩子。過去已經發生的那些令我傷心的事情已經不能改變了，但是我可以從過去的事情中吸取經驗教訓，親手去創造未來更加幸福的人生。

所以，請接受那些你不能改變的，去改變那些你能改變的——這才叫真正的自我接納。

幸福體質關鍵字二：我值得

你值得擁有——這幾乎成了一個被商家用爛的廣告語，將大大小小的節日全都變成了購物狂歡節。

「女人嘛，就該對自己好一點。」這話是不是非常耳熟？

可是女性這種「我值得」的心理配得感，僅僅表現在買名牌包包、買貴婦乳霜和買名貴衣飾上嗎？

當你走到一台車前，會不會多停留幾秒鐘，等著身後跟你一起的男士幫你拉開車門，然後你優雅地說句「謝謝」？

當你在飯局上，有人為你倒酒，你敢不敢不失禮貌地拒絕，說「謝謝，我不喝酒」？

當有人稱讚你這件衣服真好看時，你會大方地回應「謝謝，你今天這件也不錯」，還是會很侷促不安地說「啊……啊……是嗎……有嗎……淘寶買的……很便宜」？讚美是人際關係中的玫瑰，可是你收到玫瑰時卻彷彿被刺扎了一樣慌亂無措，這是為什麼呢？

當你的權益受到侵害的時候，你能不能勇敢地用你的語言、氣勢和態度回擊對方：「我是好女人，但我不好欺負」？

以上這些，你都是在告訴這世界：我是女人，我值得！

為自己賦能，提升配得感，告訴自己我值得，你也需要做好兩件事：

第一件事：修通你的自戀。

自戀不是愛自己，自戀是在心裡永遠有一個更完美的自己作為想像和參照，於是不停挑剔現實中的自己，心裡永遠不得自在。所以，自戀恰恰是對自己的不愛！自戀的人時時刻刻在心裡有一個小判官，不停批判自己，也不斷批判別人。所以，那些對別人挑剔、抱怨、刻薄的人，其實她最嫌惡的是自己，也因此會對自己有著相當嚴苛的各種框架。因為總覺得自己還不夠好，於是潛意識裡不認為自己值得被溫柔對待，也不會充滿溫柔地對待他人。即便有時表現為溫和順從，但實質上過度的付出本身就是過度的索取。

修通自戀，你需要讓心裡的小判官閉嘴，你要愛上自己真實的樣子。

第二件事：提升感受力和享受力。

看美景不只是為了發文，吃美食不只是為了自拍，生活裡一切的美好是留給你靜心享用而非秀炫曬，少一點要秀給別人看的較勁，多一些樸素、寧靜、沉實的感受放在心裡，你要能讓自己沉浸在生活裡，認真感受一下春天對櫻花做了什麼……

你要學會享受，享受一盞茶的氣韻，享受一隻燭的香氳，享受一個春暖的清晨、一個夏涼的暗夜、一個秋日的下午、一個初雪的午後。

擁有感受力和享受力的前提是——有一顆不會被焦慮情緒裹挾的心。

幸福體質關鍵字三：我可以

你有沒有認真想過，這輩子打算賺到多少錢？五百萬？五千萬？

還是你常常覺得：「我是個女人，我不可以有太大的野心？」

如果你一直缺少行動和改變的力量，就請把你的財富夢想寫下來，掛在臥室的牆上——你覺得自己可以，你才真的可以。

在心理上修通跟金錢的關係，也是女性自我賦能和自我成長的必經之路。

金錢是存在於這世間來回流動的能量，你不努力提升能力去抓住它，它就會流動到別人那裡。

賺錢是一條以金錢為座標的自我成長之旅，相較於男性，女性尤其需要這方面的成長——這些都是我在創業之後悟出的道理。

而你要抓住金錢的能量，讓它來幫助你完成好好照顧家人的願望，幫助你在人世間擁有更多選擇的自由和人生豐盛的體驗，你就需要先不斷暗示自己——我可以。

目標感＋成就感＝自信

記好上面這個公式，以後別再找人問「我要怎麼做才能有自信」這種小女孩一般的問題了——行動力強的女人才最好命！

「地球上一切的美麗源於太陽，地球上一切的美好源於人」。這是俄羅斯詩人普里什文的詩句。我在想，其實可以加一句：地球上一切的美麗源於太陽，地球上一切的美好源於人，地球上一切的美好源於我們女人。

我重要——我值得——我可以。

衷心祝願你在閱讀這本書的過程中，能獲得內心真正的豐盈和自在——請你有節制地愛他人，無條件地愛自己！因為愛比愛情更深厚。

願你自帶幸福體質，活出你想要的人生。

青音

二〇一九年十月

序／什麼樣的人，自帶幸福體質？ 002

Chapter 1
警惕人際交往思維裡的陷阱
弱勢控制：總想把別人變成自己手中的「提線木偶」 023
真正讓你受苦的，是受害者情結 027
自我設限就是一種習得性無助 030
高度敏感有好處嗎？ 042
好籬笆造就好鄰居：你注意邊界感了嗎？ 044

Chapter 2
為什麼有些事怕什麼來什麼
害怕一輩子孤獨下去 051
熱鬧是別人的，我什麼都沒有 056
幾乎所有的失去，都是從害怕失去開始 059

目錄
CONTENTS

不再擁有這段關係，就是人生的失敗？ 062

Chapter 3
人際關係中的安全感就是確定感和可控感

大多數女人要的愛，其實是被愛？ 069
有時候你看似在為關係努力，其實是在破壞甚至毀滅關係 072
你之所以這麼獨立，也許是缺乏安全感 074
我們幾乎一生都在苦苦追尋控制感 077
控制感為人帶來安全感、確定感和自尊感 081
多和「失控」做朋友，這也是一種自我療癒 084

Chapter 4
所有的人際關係都是互動的結果

越是不安，越想控制 091
過度的付出不是愛，是恨，更是索取 093

有時候，拯救關係的最好方式是讓渡權力 097
自我攻擊久了，可能會憂鬱 100
刀子嘴的人內心一定是柔軟、善良的嗎？ 103
「溝而不通」到底是誰的問題？ 106
好好說話的人最可愛，我們有話好好說！ 109
真正傷害你的，是你對事情的看法 112

Chapter 5
你現在的不如意，和原生家庭有關嗎？

父母真的皆禍害？ 117
過度捲入型：原生家庭的事都是我的事 119
過度逃離型：我再也不要回那個家 123
渴望被看見、被呵護，即便是無趣的媽媽 126
與母親和解——懂得呵護她的「少女心」 130
女兒送給母親最好的禮物是教會她愛自己 133

目錄
CONTENTS

父親在家庭中的樣子，藏著孩子的未來 136
無條件的愛與信任，是父親能給女兒的最充足的養分 138
父親的身影裡，透著女兒未來伴侶的輪廓 141
改變不了父母，我們可以改變自己！ 144

Chapter 6
誠實面對自己的能力所及
壓抑的不只是欲望，還有生命的活力 151
性格是天生的，人格是可塑的 154
性格是內向型還是外向型，並不是絕對的 157
內向的你，真的需要改變嗎？ 160
改變能改變的，接納那些不能改變的 164
生活本來就沒有標準答案，按照自己的節奏來吧 167

Chapter 7
行動力強的人才好命

不焦慮的生活就是：吃飯時吃飯，睡覺時睡覺 173
心流狀態是最可控、最值得追尋的幸福感 176
做自己真心喜歡的事情，更容易獲得心流體驗 179
人有「外貌」，也有「內貌」 184
行動力強的人才好命！ 186
好的人生，從來都是敢於走出舒適圈 188
有一種教養叫——不含敵意的堅決 192

Chapter 8
如何擁有完美的親密關係

好的婚姻、好的關係，不是某一個人的事 199
他們變成今天這樣，一定有你的一份功勞 201
「雙人舞效應」雖好，但並非人人適用 204

目錄
CONTENTS

人生啊，有時候要做引領者，有時候要做追隨者 206
無論向前一步還是後退一步，都是智慧 208
你愛不愛自己，你的性愛知道 211
你有多久沒有被溫柔地觸碰過了？ 214
「性人格」越健全，性生活越放鬆 217

Chapter 9
過度期待的背後，隱藏著不滿意、不相信、不接納

父母的過度期待是孩子人生中沉重的枷鎖 223
過度期待不是真正的愛，無法為人帶來快樂 226
小心，焦慮是會遺傳的！ 229
過度擔心型媽媽：孩子成長過程中的不堪重負 232
情感失焦型媽媽：孩子總感覺不到被愛 234
哀傷型媽媽造就的是焦慮型孩子 237
真正的信任，不是你看到了才相信 240

人生從來不是規劃出來的，而是一步步走出來的 244
有的人整天忙來忙去，心卻越忙越空 247
我們不僅要出發，更要懂得為什麼出發 250

Chapter 10
做好情緒管理，是一個人最好的修養

讓情緒消失的最好方法是，承認它、接納它 257
對待情緒，放鬆、臣服、接納，才能隨遇而安 261
每個人都有自己的能量級，你在哪一級？ 266
別讓自己成為別人轉嫁焦慮的「代罪羔羊」 273
活得精彩的女人，都懂得取悅自己 275
女人容易情緒化，還真不是故意的 277
長期過度壓抑自己，怎能不情緒化呢？ 281
管理好情緒，才能遇見更好的自己 283

Chapter 1

警惕人際交往思維裡的陷阱

看了日本電影《深夜食堂（二）》後，我內心很是觸動。小小的深夜食堂，迎來送往著喧囂都市裡疲於奔波的人們，眾生百相盡顯，也讓我彷彿看到了身邊很多女性的影子。

電影主要講述了三個小故事，而故事的主題大多與女性有關。無論是穿喪服的女人，還是想要和大自己十五歲的女友結婚的男人，以及尋找兒子的老太太，這些人物的故事背後無不折射出現代女性的生存困境。

雖說焦慮是整個社會的現狀，但身為女性，我們不得不承認：女性特別容易焦慮，尤其是媽媽們。為什麼會這樣呢？我想，這主要跟女性是情緒導向而不是目的導向、關注細節而不關注整體的思維方式，以及女性的弱勢控制思維、受害者情結、自我設限、高度敏感和缺乏邊界感有關。

弱勢控制：總想把別人變成自己手中的「提線木偶」

做情感主持人十六年，從事心理諮詢工作也將近十年，我深深知道，對受情感困惑、負面情緒困擾的人來說，最沒用的勸慰就是「這有什麼好難過，這有什麼好擔心的」。他心裡的難過和難受雖然用儀器檢測不出來，但難受的程度一點也不亞於疾病為身體帶來的痛苦。那麼，這種難受的背後，到底是怎樣的心理因素在發揮作用呢？其實就是一種心理弱勢控制。

「弱勢控制」是心理學中非常有用的一個概念。用專業術語來解釋就是，事物的平衡和平均勢能是靠弱勢來控制的，如果把人際關係比作一個動態的、變化的系統，那麼這個系統所輸出的結果並不是由強勢的一方決定，而是由系統中最薄弱的環節來決定的，這就是「弱勢控制」。如果你把弱勢控制學透澈了，那麼你將多一雙智慧之眼，能洞悉人際關係中的好多玄機。

我舉幾個生活中非常常見的例子，大家馬上就能理解什麼是「弱勢控制」了。比如，你帶著一個小朋友一起去徒步，最後能走多遠，是由小朋友的體力來決定的，而不是由你的體力。

比如說不斷哭鬧的寶寶。我們都知道，寶寶哭鬧是有訊號的，他是在告訴大人們——我冷了、我餓了、我要大便了，或者我弄髒了、我不舒服等。可是當寶寶再大一點，他漸漸發現，只要自己一哭，大人們就會來滿足自己的需求。於是聰明的寶寶在一歲之後如果哭了，就不見得真的遇到了什麼事，也許只是為了吸引大人的注意。這就叫弱勢控制。

我們經常會看到有的孩子就是不聽話，翹課、輟學、上網成癮，或者孩子總是病懨懨的，不是感冒發燒就是肚子疼，總之就是身體不好。試想一下，如果孩子的學習成績非常糟糕，有成癮行為或者是不斷生病，家長們會做出什麼反應呢？沒錯，會一起來關心孩子，共同想辦法幫助孩子成長。

那孩子這些行為背後的真實心理需求是什麼呢？——「爸爸媽媽，我希望你們把注意力放在我身上，一起來關心我、關注我。」說實話，孩子這種不自覺的行為非常讓人心酸，他的背後通常都有一對並不相愛或者總是爭吵的父母。

再比如說撒嬌示弱的女人。我們經常說，懂得撒嬌示弱的女人最好命。但是，如果你總是撒嬌示弱，而且是帶著目的性的，在我看來，這不叫女人味，叫心計、叫權術，因為撒嬌示弱的背後其實是為了有所得，這也是一種弱勢控制。因為我不行，我難受，我傷心，我慘兮兮、楚楚可憐的，因為我對你失望了，所以你就得把注意力放在我身上，整天圍著我轉，不斷地關心我，噓寒問暖，給我想要的，這樣我就達到目的了，對不對？

總有一些人善於利用「我好可憐、我好慘」來向別人爭取自己想要的東西。稍不留神，也許你就成了這些人手中的「提線木偶」！

我們都知道，愛自己的本質是讓自己變得更好。可是，對於內心病態，或者是正常的情感心理需求得不到滿足的人來說，他寵愛自己的方式，是讓自己變得更糟，以此來祈求獲得更多的關注和愛。

我們每個人都需要愛，需要很多很多的愛，小時候需要別人的愛，長大以後需要自己對自己的愛。愛就像我們生命中的陽光，而我們每個人都是向日葵。因此，沒有愛，我們的整個生命都將陷入病態，那就不只是身體上生病了。

這種心理潛意識的背後其實是想要從關係中獲得更多的關心、呵護和重視。這說明什麼呢？說明你一直很渴望的關注、關心和在意，對方一直沒給夠！

此時，你要真實地面對自己的內心，重新審視一下自己的人際關係，看看你潛意識裡對父母家人或者是伴侶戀人有著怎樣的不滿。

人格成熟和不夠成熟的人，有一個非常簡單的判別標準——他對愛的需求，是跟自己要，還是只跟別人要。也就是說，他對愛的渴望，到底是向內求，透過不斷地自我成長和能力的提升來滿足自己對愛的需求；還是向外求，需要父母、伴侶、戀人甚至是自己的孩子和周圍人給予很多很多的愛和關注，一旦所求失敗，心靈就如同墜入了深淵呢？

親愛的，外面沒有別人，只有我們自己。你的所見、所聞、所感、所求，其實都是你內在的投射。所以，愛只有向內求，也就是學會好好愛自己，我們才懂得愛與被愛的藝術，如此才是成熟、健全的人格。相反，如果我們只知道向外求，只知道「要要要」，你們不滿足我，我就憤怒、我就痛苦、我就失控，這樣的人，他的人格和心理是不成熟、不健康的。

真正讓你受苦的，是受害者情結

受害者情結是我從事心理工作以來，看到最傷害關係，也最傷害我們自己的思維模式。遺憾的是，有太多的女性還把「受害者情結」當成一種自我保護，心安理得地躲在「受害者思維模式」後面，不成長，不進步，不去承擔自己的人生責任。

受害者情結的定義其實很好理解，比如當我們抱怨別人或是很多人抱怨原生家庭時的心態——「我如今過得這樣不好，都是你害的！」就屬於典型的受害者思維模式。在受害者的思維模式裡，一切問題都是別人導致的，與自己無關。但，真的是這樣嗎？答案顯而易見。有受害者情結的人會呈現以下心理特點：

一、對他人總是不信任，而且總是憤憤不平，不管別人說什麼做什麼，總覺得誰都對不起自己。

二、總是覺得不公平，覺得自己應該比當下得到更多。

三、無論什麼時候，都喜歡扮演慘兮兮的受害者角色，不能從一個中立客觀的角度看問題。這類人的世界觀裡根本不存在換位思考這件事。

四、常常覺得人生空虛、活得沒勁，總覺得別人都過得比自己好，心中有著強烈的攀比之心。

五、覺得自己活在世上是多餘的，很難找到自我價值感，常常把所有的不如意都歸結為外部因素。

六、覺得人間沒有真愛，人生下來就是要受苦受累的。「我不幸我有理，我不幸都怨你」！擁有這種心態的人，在所有的人際關係中，都會是一副「討伐者」或者是「討債者」的心態。

設想一下，如果一位媽媽有受害者心態，她跟孩子的互動會不會充滿了負能量？如果一位妻子有受害者心態，她的丈夫是不是整天都處於被問責、被抱怨的狀態？如果你的閨密、女同事有受害者心態，渾身長刺的她們總是在向你抱怨、控訴各種不公，你能容忍多久？誰會願意去靠近一個眉梢眼角都寫滿了「你就是欠我的」這樣的人呢？

在心理學看來，一個人不相信別人，根源其實是不相信自己。

父母不相信孩子，根源是不信任自己能創造美好的人生，所以他們總是用「自己的頭腦」來操控孩子，期望孩子達到自己的預期；妻子不相信丈夫，根源其實也在於不相信自己，不相信自己對丈夫擁有持久的吸引力，不相信愛會始終美好如初，所以整天陷於對失去的恐懼中。缺愛和不相信愛是擁有受害者情結的人內心的狀態。所以，那些常常被失去和失敗的焦慮感搞得內心疲憊不堪的人，正是受害者情結最嚴重的人。

自我設限就是一種習得性無助

在生活中，我們常常發現這樣的現象：孩子生病了，當爸爸的總是表現得很淡定，而媽媽往往容易表現得六神無主，或者情緒特別急躁和崩潰。男人還是那個一如既往沉穩的男人，而這時候的女人卻很難做回優雅的女人。

為什麼女人總是顯得比男人更焦慮？這一切要從女人喜歡自我設限的心理特質說起。

記得有一期《朗讀者》的嘉賓是陳數[1]。當主持人董卿[2]和陳數推開門，步調一致、淡然從容、面帶微笑地向觀眾款款走來時，這兩個都已經四十幾歲的女人完完全全驚豔到了我。

1 中國女演員，主演《傾城之戀》、《鐵梨花》等影劇。
2 中國中央廣播電視總台節目主持人、中央電視台節目製作人。

從她們身上，我們能看到一種無懼時光的篤定的美。不管是四十一歲的陳數，還是四十四歲的董卿，時間的流逝非但沒讓她們面露風霜，反而讓她們在成長的過程中，修煉出了一種內外兼修的智慧和優雅、通透與靈動。

陳數說：「我太不安分，從舞蹈演員變成影視演員，要一路不斷挑戰自己、突破自己。」

董卿說：「走好選擇的路，不要總是選好走的路。」

兩句簡簡單單的話，讓我看到了兩顆無所畏懼的赤子之心，也感知到了她們不斷打破自我設限，活出全新自己的勇氣。

什麼是自我設限？我們先來瞭解一個心理學概念——習得性無助。「習得性無助」是美國心理學家塞里格曼於一九六七年研究動物時提出的，他用狗做了一項經典的實驗：把狗關在籠子裡，只要蜂鳴器一響，就對狗施以難受的電擊。狗無處可躲，只能硬生生地承受電擊的痛苦。多次實驗後，即使籠門大開，只要蜂鳴器一響，狗不但不再想方設法躲避，反而不等電擊出現就先倒在地上開始呻吟和顫抖。狗本來完全可以免受電擊之苦，卻絕望地等待痛苦的來臨，這就是習得性無助。

人和動物一樣，在面臨無法改變的客觀條件時，會產生一種無助感。久而久之，即使外部環境發生了變化，卻仍然難從這種無助感中走出來。因為，他們已經自我設限了！

正如實驗中那隻絕望的狗一樣，如果一個人在成長過程中總是體驗挫敗感，他就會常常對自身產生懷疑，覺得自己這也不行，那也不行。事實上，他並不是真的不行，只是陷入了「習得性無助」的心理狀態中，這種心理就叫作「自我設限」。

什麼是自我設限呢？就是在自己的心裡默認了一個高度，這個心理高度常常暗示自己：有這麼多困難，我不可能跨過去的，我無法做到，成功機會幾乎是零，想成功是不可能的！心理高度太低是人無法取得成就的重要原因之一。它是一塊巨石、頑石，在人生及事業成長的道路上，阻礙著我們前進的步伐。

在如今這個人人自我精進的時代裡，女人的精神世界和活動邊界不再僅僅限於家庭、囿於男人和孩子，每個女人都有了更大的圈子。因此，我們的苦惱和焦慮也開始向職場延伸。如何才能在職場上佔有一席之地？如何透過工作和事業活出自己的價值？

這也是女人生命價值觀中非常重要的組成部分。

可是面對職場，很多女性會更加焦慮膽怯——「老實說，如何在職場遊刃有餘這件事，媽媽可沒教我們應當怎麼做，因為在她們那個年代，女人還沒有像我們這麼強。」

如何被主管賞識？如何跟同事相處？如何在職場中找到自己的定位？如何適應和學

會解決紛繁複雜的職場難題？這些都構成了我們職場生涯中一個又一個焦慮難題。職場可不是宮鬥戲！

其實，職場沒那麼可怕，也沒那麼難以攻克！問題到底出在哪裡呢？我認為就出在了「自我設限」上。

心理學家曾經做過一個跳蚤實驗：把跳蚤放在桌上，一拍桌子，跳蚤迅即跳起，跳起高度均在其身高的一百倍以上，堪稱世界上跳得最高的動物！然後，工作人員在跳蚤頭上罩了一個玻璃罩，再讓它跳，這一次，跳蚤「碰壁」了。連續多次後，跳蚤改變了起跳高度以適應環境，每次跳躍總保持在罩頂以下的高度。

接下來，工作人員逐漸改變玻璃罩的高度，跳蚤都會在碰壁後被動改變自己的高度。最後，當玻璃罩接近桌面時，跳蚤已無法再跳了。這個時候，科學家拿開玻璃罩，再來拍桌子，跳蚤仍然不會跳，變成「爬蚤」了。

這個實驗把什麼是自我設限詮釋得很好。簡單地說，自我設限是個體針對可能到來的失敗威脅，事先設計障礙的一種防衛行為，也就是你在心裡總是響起的「我不行」、「我做不來」。

這樣做的好處是，可以暫時避免因自身能力不足帶來的挫敗感，暫時維護自我價值感。可更大的危害是，它讓你一生都活在內在恐懼裡，讓你始終覺得自己是一個不成功也不幸福的失敗者，導致自我迷失。

我們為何會自我設限呢？客觀上講是教養者造成的。其中，養者即父母；教者即老師。在你成長的過程中，他們一再地否定你，說你不行，結果讓你產生了習得性無助。

那麼主觀上的原因是什麼呢？是你不願意走出舒適圈。

「舒適圈」這個概念是由心理學家羅伯特．M．耶基斯和約翰．D．道森提出的。舒適圈是指活動及行為符合人們的常規模式，能最大限度減少壓力和風險的行為空間。在這個區域裡，我們會感覺舒服、放鬆、穩定、能夠掌控、很有安全感。因此，一個人若想跨出舒適圈，是相當需要意志力的。

比如，在選擇工作任務時，我們在心理上更傾向於選擇自己熟悉的、能輕易駕馭的工作，而非一個全新的、充滿挑戰的任務；在接受考核指標時，我們特別善於找各種理由為無法完成業績做鋪陳，沒有勇氣、也不敢跟老闆拍胸脯說「這個業績目標我肯定能完成」。

據說，有一次馬雲召集業務層開會，要求實現一五〇％的業務增速。一個業務負責人說有難度，並開始陳述理由。馬雲立刻打斷他：「對不起，你沒聽懂我的問題，我問的是怎麼增長，不是問你怎麼不能增長？」後來，這位習慣待在舒適圈的中階主管果然由於業績不佳而被調離了管理層。

雖然待在舒適圈會讓我們腦子變懶，身體感覺很舒適，但不幸的是，我們的職場焦慮感會日益加重，因為大多數時候，我們都會因為內心的聲音——「我不行，我做不到，我該怎麼辦？」而備受折磨。

職場就是打怪升級，習慣待在舒適圈的你又怎麼打得贏見慣風雨、波浪的對手？難怪在每一次比拚中，你都屢屢受挫，先敗下陣來！要知道，溫室裡只會養出嬌嫩的花！

我們總習慣待在熟悉的環境，交熟悉的朋友，做熟悉的事，以為這樣就安全、可控了。其實，在不知不覺中，我們的世界會越活越小，因為我們為自己的人生處處設了限。

祖克伯的愛將桑德伯格女士曾經說過：「如果一個女人總是等著別人告訴自己該做什麼，我們就很難設想她能成為領導別人的人。」

可現實的情況是，大多數女性在職場上的自我設限不僅來自自己，也來自「別人告訴我們該做什麼」，是整個社會文化導致我們女性的自我設限，所以我們要懂得分辨。

自我設限之一：女人沒有男人聰明和理性

「女孩就是沒有男孩聰明」——這話肯定是從你的小學數學老師那裡聽來的，而且這位老師多半是女性。女人的自我設限不僅僅侷限於自己，也會用同樣的思維去限制、影響其他女性。

「女人就是太感性、太情緒化」——這話一聽就是從某個男主管那裡聽來的。當他見識了一位女員工因情緒失控而耽誤了工作時，他就把這個偏見泛化到其他女性身上，認為所有女人都這樣！

更糟糕的是，他們說的話，你都信了，而且牢牢記在了心裡。很多時候，你明明發現自己其實比某些男人聰明，有些男人真是笨到讓你無語，但你還是覺得他們是少數，大多數男人都是聰明的。有時候，你其實比你家那位更理性、更冷靜、更果斷，而他則像個沒了主意的孩子，大主意必須由你來拿。可是，你只會覺得大概是自己運氣不好，別人家的男人也許更像男人。

你從來沒想過，男人中的聰明人和笨瓜，其實和女人中的聰明人和笨瓜的比例差不多啊！男人的思維方式、意志力和自制力如果沒有經過有針對性的培養和訓練，他一樣是個缺乏邏輯、容易衝動、優柔寡斷的「巨嬰」。

蔡康永曾說：「當下社會對女性的偏見很重。」是啊，這是我們不得不接受的一個事實。整個社會對女性的智力水準、情商水準、邏輯能力、理性思維的偏見，會讓你在職場中自我設限，讓你認為自己這也不敢，那也不行。一旦你被這些話洗腦，深信不疑時，傷害、偏見也隨之產生。

我們無法改變社會的偏見，但是，我們可以做更好的自己，做自由的、強大的、內心堅定的獨立女性，享受一切自己力所能及的、最美好的東西。哪怕是面對質疑的聲音、根深蒂固的成見，我們都能勇敢地說：「我的人生我做主，我愛怎麼活就怎麼活！」

自我設限之二：女人是不需要承擔太多責任的小女人

在感情中，任性、撒嬌、耍賴往往成為女人的特權。在熱戀期，這會讓感情增添情趣，小女人的姿態會讓男人更有保護欲。

可是當一個女人把她小女人的一面呈現在職場上，那簡直就是職場上的災難。

比如說，老闆交代了工作，小女人隨手就丟給別人，還一副可憐兮兮的模樣——「幫幫我吧，我做不來的。」如果工作遇到需要解決的問題，小女人想也不想就丟給別人——「怎麼辦？我也不知道怎麼辦了，你比我能幹，你來吧！」工作出了差錯，結果小女人還是將責任丟給別人——「這件事可不能怪我，這我可不能負責。」

不得不說，小女人心態簡直就是職場公害。大家都領一樣的薪水、面對一樣的工作指標和壓力，你有什麼特權可以被差別對待、對自己該承擔的部分不負責任呢？可能有些女孩子會認為自己初入職場便大受歡迎是因為外表，但職場還真不是你長得美就說什麼都對的地方。職場較量的是業績數據，是要靠你的能力、格局和見識來站穩腳跟。

當你整天以一副嬌憨姿態來面對你的同事時，你長得再美，大家也不會把你當作可靠的夥伴和戰友！你甚至會變成大家惹不起但躲得起的一攤蚊子血和一粒剩米飯。所以，別總是把精力放在如何討男同事和男主管的歡心、讓他們給你方便上面了。職場不吃這一套的！

因此，祖克伯才建議職場中的人們，「想要贏得每個人的歡心」這種想法會阻礙我們的發展。當你想要讓事情有所改變時，你不可能取悅每個人；如果你去取悅每個人，你就無法獲得充分的進步。

其實，小女人的人設本身也是一種自我設限，這樣的你完全放棄了自我探索和自我成長。成長是破繭成蝶，意味著冒險，伴隨著苦痛，這個過程有煎熬、有迷茫、有焦慮。可是，每個困境的背後，其實都隱藏著一份人生的禮物。在職場裡拚殺、歷練，你果斷、剛強、勇敢的另一面才能得到充分的激發。如此生機勃勃的你，你自己難道不欣賞？這樣氣場全開的你難道不是更值得被人尊敬、更迷人嗎？

自我設限之三：女人不應該做有野心的女強人

大部分女孩子都擔心自己被看成是女強人，我們也會在潛意識裡認為，強勢的女人是不被喜歡的，男人害怕，女人嫌惡。

史丹佛大學研究領導力和組織行為的教授黛博拉．葛倫費德（DeborahGruenfeld）指出：「我們根深蒂固的文化傳統，將男性與領袖特質連結，將女性與撫育特質連結，並且讓女性處於兩難的境地。」她說：「我們不僅相信女性充當的是撫育者角色，還相信這是她們首要的角色。當一個女人做了某些事情，顯示出她最突出的特質不是親和力，就會給人帶來負面印象，讓其他人感覺不舒服。」

社會上的偏見也認為，如果一個女人非常能幹，她看起來就不夠有親和力；如果一個女人看起來很有親和力，那她就會被認為不夠能幹。

所以，大多數女人都學會了壓抑自己的野心，以便適應職場的潛規則——女強人，不討人喜歡嘛。

可事實果真如此嗎？職場真相是：如果男人想要做成事業，他們會更願意跟強勢的女人合作，因為只有女人能力夠強、夠有主見，男人和女人才能在工作中碰撞出更多的靈感和火花。而女人在職場中的女性偶像，絕對不會是看起來文弱親和但沒什麼存在感的女同事，她們一樣崇拜那些能力出色、敢於做自己、在職場上自己說了算的英姿颯爽的女人！

所以，在職場上，「女人不要太有野心」其實是一個謊言，這句話投射出的是能力不夠的男人們內心的恐懼和自信心不足的女人們的擔心。

在《奇葩說》[3]一辯成名後，馬薇薇[4]跳出辯手的身分，參與聯合創立了米果文化。她不斷顛覆自我，挑戰著一個又一個不同的角色，創造著屬於她的獨一無二的人生。她曾說，在以知識和內容為主的時代，是女性領導力最好的時代。領導力不分性別，只分性格，經濟越是發達，文明越是進步，女性在領導力方面反而越優於男性。

所以，女人們，職場並不怕我們強，只怕我們還不夠強！

3 中國說話達人選秀節目，由愛奇藝出品、馬東主持，並邀請蔡康永、羅振宇等人擔任嘉賓。

4 中國主持人、藝人、製作人。《奇葩說》第一季冠軍。

「鐵娘子」柴契爾夫人曾說：「如果你想要空談，問男人；如果你想要成事，問女人。」所以，女人啊女人，我們千萬別小看了自己。面對職場上的自我設限，我給大家的建議是，牢記密歇根大學校長瑪麗．科爾曼給女性的職場建議——「溫柔的堅持」（relentlessly pleasant），堅持你的夢想，堅持你的主張，堅持你的判斷，堅持你的野心，堅持你的利益，但請別忘了——保持微笑，不急不慌。

高度敏感有好處嗎？

「我總是有很強的預感，我第六感很靈的！」說這話的往往是女人。女性天生多愁善感，對愛、溫暖、美好事物的感知能力總是比一般男人強很多。這也就意味著，她們對痛苦、壓力、悲傷、焦慮的感知能力同樣很強。

那什麼是第六感呢？現代心理學將研究重點放到了意識的深層，並根據意識的活動將其分為意識和潛意識，第六感就屬於潛意識。女性在成長過程中，會在潛意識層面累積很多關於「不好的事」的經驗，這些經驗會讓我們過快地感知到新的壓力和目標，從而產生焦慮情緒。

比如，我就曾經聽一位女士提過，她只要晚上做夢夢到下雨，第二天一定會焦慮不安，總擔心會有不好的事情發生。說白了，其實就是我們女人太敏感了。敏感可以高度豐富我們的內心世界和情感世界，讓我們因為壓力、挑戰以及也許不會發生的壞事提前透支了擔心、緊張、沮喪等情緒，於是，生活中，我們常常被迷霧一般的焦慮團團圍住。

女人啊女人，我們最大的問題就是，內心戲太豐富了！日本作家渡邊淳一在《鈍感力》中寫道，現代人不要對日常生活太過敏感，必要的鈍感力是贏得美好生活的手段和智慧。這個觀點，我十分認同！有時候，感受力和覺知力就像一柄雙刃劍，它讓我們更容易感知他人的情緒以及周遭環境的變化，但同時，它也很容易成為一件傷害自己的武器。而所謂的「鈍感力」，即「遲鈍之力」，它能讓我們從容面對生活中的挫折傷痛，不過度敏感。

其實，生活中我們遭受的挫折和痛苦，很多時候並不是因為別人的為難，反而是我們自己在為難自己！

撥開焦慮的迷霧，前進的方向才更清晰。願你我都活得鈍感一點、簡單一點、豁達一點、樂觀一點、從容一點。

好籬笆造就好鄰居：你注意邊界感了嗎？

邊界感不強的行為，容易給人帶來不適感。民國時期的女作家蕭紅就沒有把握好邊界的尺度，讓魯迅先生的夫人頗有微詞。

許廣平[5]曾在一篇文章裡說到，逃難到上海的蕭紅，心情苦悶時常常到魯迅先生家做客，一坐就是大半天。當時魯迅先生正在病中，很需要許廣平照顧，但因為蕭紅的到來，許廣平不得不整日陪同，耽誤不少照顧魯迅先生的時間。

其實許廣平對蕭紅幾乎每天造訪不太樂見，但沒有當面表露。可遲鈍的蕭紅並沒有意識到許廣平不歡迎她每天都來，依然故我。

如果當時的蕭紅稍微敏感一點、邊界感強一點，在細枝末節中參透別人的態度，讀

5 原名許崇媊，筆名景宋，人稱許景宋。中國政治人物、社會活動家。魯迅的學生及晚年伴侶。

懂別人的拒絕，她也不至於招人討厭。

什麼是邊界感？我認為，於人而言，邊界感就是個人的隱私和底線；於事而言，邊界感就是自己的事、別人的事和老天的事。

男人天生是邊界感極強的動物，他們與生俱來的狩獵本能、對後代是否是自己基因延續的恐懼本能，和農耕時代祖祖輩輩傳承下來的對土地疆界的守護本能，讓他們從小就非常習慣去區分「什麼是我的、什麼不是我的」，「人不犯我，我不犯人」。

男人來自火星，女人來自金星。女性朋友的邊界感往往就沒那麼強了。這跟她們在成為女人的過程中，女性性別角色的確立是從「要跟他人相處、融洽與融入集體」開始有關。

「你是姊姊，所以你得讓著弟弟」——彷彿女性承擔著家庭融洽的責任；「你是女孩子，所以你要努力被大家喜歡和接受」——彷彿女性的價值感完全來自是否被別人喜歡；「你是女性，你要聽話、要學會分擔、學會跟別人合作」——彷彿女性的作用就是融合、融入與連接。

這一切有形的教育和無形的批判，會讓女性從小到大一直陷入對人際邊界的恐慌裡，融入他人才是好女人，而邊界意識太強的女人意味著反叛，意味著不討人喜歡。長久以來，女性就會不由自主地將別人所要承擔的責任背負到自己身上，平添很多焦慮情緒。於是，不管是父母的問題、孩子的問題，甚至大到國家大事社會新聞，小到七大姑八大姨或者閨密鄰裡街坊的事情，都能讓自己好一陣鬧心、焦慮——女人們往往很難去理清楚哪些是你的事，哪些是我們的事，哪些才是我的事。

不越界，不逾矩，是對自我的保護，也是對他人的尊重。「認識你自己，凡事勿過度。」當你我都能清楚地認識、定位自己，獨立且自由地生活時，我們就能以完整的靈魂相遇。

幸福筆記

一、從內生長，打破對自我的僵化定義。我們首先是人，其次才是女人。從心底以及你的語言習慣中，將「誰叫我是個女人呢」這樣的句式通通拋棄吧。

二、我們的感性是用來感受美和愛的，不是用來摧毀自信心的。當你的內心一次又一次地被恐懼、焦慮和壓力占滿的時候，你要對自己說：「別為還沒到來的事焦慮，過好每一個當下和今天。」

三、分清什麼是你的事，什麼是我們的事，什麼才是我的事。不是我的事，管它呢！

Chapter 2

爲什麼有些事怕什麼來什麼

在中央人民廣播電臺做了近二十年的情感心理節目，我每天都會接到大量的情感傾訴，其中有相當大部分是失戀多年走不出來的人。觀察他們的文字和留言，跟他們溝通聊天，我發現，他們心裡都有一種共同的心聲——他離開了我，我的人生已經不值得活了；他離開了我，彷彿帶走了我的一切。

一位美國的心理專家在一次公開課程上提到了關於焦慮的根源問題。他指出，所有焦慮的根源可歸結為兩點：一是比較低的自我價值感，也就是太沒有自信；二是無時無刻不在擔心的喪失感，太害怕失去。

這種心理帶給我們最嚴重的傷害，是直接導致關係的變壞和終結，甚至出現「怕什麼來什麼」的蝴蝶效應。

害怕一輩子孤獨下去

二〇一六年，電影《美人魚》上映，其中有一首宣傳曲是導演周星馳自己寫的，叫作〈無敵〉，歌詞一出來就是「無敵是多麼寂寞，無敵是多麼空虛」。有人說這是周星馳寫給自己的。

電影殺青時拍合照，周星馳喃喃自語：「一個人，好安靜啊，好孤獨的。」

不知從什麼時候開始，周星馳變成了孤獨寂寞的代名詞；也不知從什麼時候開始，看周星馳的電影笑得沒心沒肺的我們，不知不覺就流淚了。星爺的孤獨，我們感同身受！

孤獨就像是一座城，所有人都棲居其中，因這種共有的情緒而彼此相連。在心理學領域，艾瑞克森學派認為，在不同的生命階段要解鎖不同的成長任務，從而培養不同的能力。就孤獨來說，如果一個人在青年時期沒能培養和發展出與孤獨和諧相處的能力，那麼他在之後漫長的人生裡，都會受到孤獨的困擾，因為深陷孤獨而倍感焦慮。

心理學家們常常把憂鬱比作心靈感冒，那麼孤獨就可以算作時不時發作的偏頭痛。孤獨不是病，疼起來真要命。可悲的是，我們人類很難逃脫孤獨的宿命，說不孤獨的人只是不自知。

孤獨是一種什麼樣的體驗呢？是我們痛苦地發現社會關係不如想像中那麼溫暖、美好，內心極度渴望跟別人、跟外界建立連接，現實狀況卻不能滿足這一心理需要而產生的煩悶不安、自我憐憫的心理狀態。

在我的微信公眾號「青音約」的後臺，我曾看到這樣一則粉絲留言：

「我曾經以為孤獨這種事根本就不存在，至少不會像書上寫得那麼深刻，那時候的我還是個涉世未深的小女孩。上大學以後，當我一旦脫離群體，孤孤單單的，只剩自己一個人的時候，我赫然發現，孤獨赤裸裸地站立在我的面前，我無處閃躲，又退無可退，只能直接面對那孤獨。那一刻我才明白，哦，原來孤獨這東西已經滲透到我生活的方方面面，而且竟然如此之深。就是在那時候，我意識到自己原來是個孤獨的人，朋友雖有，但不在身邊，親人更遠，很長時間不見一面，戀人就更別提了，根本沒人愛上我過。

「有時孤獨極了，就跟朋友講個電話，聽聽對方的聲音。即使僅僅是聽聽聲音，心中也會感到很大的安慰。不過更悲哀的是，有時深夜裡翻遍通訊錄，也找不到一個可以說說話的人，一遍一遍滑著社交軟體，讓自己知道原來還有很多人跟我一樣，由於太過孤獨而捨不得睡去……半夜醒來時，眼前一片漆黑，耳邊聽不到任何聲響，這種感覺令我恐慌焦慮，於是我嘗試用各種方法入睡，結果越睡不著越焦慮，越焦慮就越孤獨……長期下去，我會不會生病呢？」

我的答案是——會，孤獨不僅會讓身體生病，更會讓你的內心充滿焦慮。到底是什麼讓孤獨、焦慮在我們的心裡不斷蔓延呢？其實是一種「我沒人愛」的低價值感在牽扯著我們的心。

自我價值感是指個體看重自己，覺得自己的才能和人格受到社會重視，在團體中享有一定地位和聲譽，並有良好的社會評價時所產生的積極情感體驗。換句話來說，就是自己覺得自己是重要的、有價值的、有人愛的，是被人需要、尊重和看重的。

我認為，自我價值感是主宰一個人感知幸福和情緒是否穩定的重要因素。一個自我價值高的人，通常是自信的、自尊的、自強的，他自認為很多情境和關係都需要自己，因此他的注意力不會只執著於某一種關係。例如，自我價值感高的人，往往不容易被失戀徹底打敗，他會很快修復自己、走出傷痛，因為他認為自己是真的可愛並且值得被愛，對方不懂得欣賞自己，那是對方的問題，「此處不留爺，自有留爺處」。這樣的人不僅在關係中拿得起放得下，通常也很難感受到孤獨，因為極高的自我價值感會讓他對這個世界保持旺盛的好奇心，從而去學習新的技能，或者是建立新的人際關係。

一個內心無比充盈、豐富的人，是最擅長在生活中製造驚喜的人，也是最能捕捉和感知幸福的人，這樣的人，又怎麼會感到孤獨呢？而自我價值感低的人則正相反，他們格外看重自己在關係中是否被肯定、被認可，且容易產生自卑感，自暴自棄。自己對自己的滿意度，完全取決於與他人的關係能存續多久。

有研究表明，女性比男性更容易體會到孤獨，原因很簡單——女性和男性相比往往自我價值感更低，且男性一般是在被一群人孤立時才感受到孤獨，女性則會在被剝奪了一段親密的「一對一」關係時感到非常孤獨。所以，自我價值感低的女性，多半從小就將自我價值感依附於關係的存在。一旦關係破裂和失去，她的心也猶如被掏空一般，陷入無窮無盡的孤獨、焦慮和苦悶。

而當她被一段親密關係緊緊地包圍時，就彷彿進入了溫暖的舒適圈中，感覺自己又回到了子宮，內心充滿了安全感。她暫時擺脫了孤獨，但這卻是以放棄她作為獨立本體的存在為代價的。更可惜的是，她放棄的是一種能幫助她建設性地戰勝孤獨的能量，是發展她內在資源、力量和方向感的機會。於是關係一旦失去，她那沒發展起來的資源、力量和方向感，就讓她跌進了無窮無盡的黑暗裡，孤獨又害怕，敏感又無助。

自我價值感低的人，往往不那麼容易獲得幸福，因為他們習慣把人生寄託在別人身上，卻意識不到，所有的人生境遇，其實都是我們自己選擇的結果。

劉若英曾在《我敢在你懷裡孤獨》一書中寫過這樣一段話：這世界上大部分的人都很害怕孤獨，很怕這世界只剩下自己一個人。於是，為了遠離孤單的感覺，我們強迫自己與其他人相處，以為群聚可以帶來安全感。其實並不是這樣，當你發現獨處的美好時，就會無法自拔地愛上它。能夠品味獨處的美好，在我看來，是人生中最好的一件事。

這段話寫得太精彩了，很高興分享給大家。同時，我也真心希望，我們都能勇敢正視自我，建立自信，學會自愛，懂得悅納自我、與自己獨自相處，拿回自己人生的主導權，淡定從容、坦然無懼地過好這一生。因為，你我的價值從來就不取決於別人的評價！

熱鬧是別人的，我什麼都沒有

在做心理諮詢師的時候，我曾接待過一位對自己的婚戀狀況極度失望的女性。她說自己的愛情關係總是破裂，和另一半總是不能完成婚姻計畫，或者對伴侶總有這樣那樣的不滿。但她又希望能有一個伴侶（無論是現實的還是理想的）來填補她內心的某種欠缺和空虛。如果對方做不到這一點，她就會感到焦慮和憤怒。

孤獨和空虛從來都是一對「孿生兄妹」。空虛的人常常不知道自己到底想要什麼，對自己的感受沒有任何清晰的概念，對自己的欲望和需求也並不明確。因此，他們會陷入這樣那樣的搖擺不定中，感到空虛、迷茫，內心是無處發洩的痛苦和無力感。

但是，內心空虛的人又能夠流利地討論他們「想要的」東西，比如成功地完成學位課程、找到一份體面的工作、談一場戀愛、組建理想的家庭——只是，他們內心也明白，自己正在描繪的是別人期望他們做到的，並不是自己內心真正渴望達成的。他們通常也能意識到，追求這些外在的目標對自己沒有幫助，只會讓問題變得更加複雜，因為對於自己真正想要實現的目標，他們幾乎沒有任何概念。

所有的熱鬧都是別人的熱鬧，並非自己內心的吸引。為了排遣內心無處安放的空虛，大多數人都用忙碌把自己的生活填得滿滿當當，但是越填滿，就越空虛、越孤獨、越寂寞，也越焦慮。

比如說，那些心裡、眼裡只有孩子，每天忙忙碌碌只是為了給孩子更好生活的家長，一旦孩子考上大學離開了家，他就會一下陷入孤獨和焦慮裡，迅速蒼老，因為他的一生並沒有找到自己真正熱愛、真正嚮往的事情。可以說，他只是活著，卻沒有真正地生活。

我去日本的時候，曾經拜訪過壽司之神小野二郎。我問他：「你每天重複做這件事不會感到厭煩嗎？」他說：「不會，每當我工作的時候，會忘掉一切，感覺很幸福。」

央視一姐董卿也特別懂得如何應對空虛，努力成就更美好的自己。其實，她的主持生涯並非一帆風順，剛進入東方衛視時，她感覺自己就是打雜的，於是開始為自己訂目標，繼續讀書，考了上海戲劇學院的電視編導系，一九九九年順利讀完本科畢業。後來又到了東方衛視，她感覺自己很空虛，不願閒著的董卿報考華東師範大學，並順利進入中文系古典文學專業攻讀碩士研究生。到了央視，雖成為央視一姐，但她還是沒閒著，二〇〇四年以美國南加州大學訪問學者的身分，赴美進修。回來後的董卿成為《中國詩詞大會》、《朗讀者》等節目的主持人，再一次向世人證明了自己。

所以，真正能讓我們擺脫孤獨感、空虛感的，不是將別人請進自己的生活裡，找一個人甚至是一群人來時時刻刻地陪伴自己，而是先找到真正的自己，學會和孤獨中的自己相處，並努力充實自己的生活和靈魂。

但充實並不是把時間和空間塞滿，而是把你的熱愛塞滿——找一個你真正熱愛的事物，也許是一個有趣的愛好，或者一門手藝，或者一項工作，然後深深地投入其中，不斷挑戰自己，並發現其中無窮的樂趣，那麼你反而會享受孤獨，不會再因為孤獨而焦慮了。

就像劉若英所說的那樣——「當你發現獨處的美好時，就會無法自拔地愛上它。」

幾乎所有的失去，都是從害怕失去開始

有很多心理課程都把解決焦慮的方法聚焦在情緒管理上，試圖用各種技巧去緩解、對抗、超越焦慮，卻並沒有收穫什麼實質性的效果。大家知道這是為什麼嗎？

這是因為我們大多數人對焦慮的理解很狹隘，並過度負向濫用了它。有美國「存在心理學之父」之稱的羅洛．梅，他這一生都在研究焦慮的意義，最後，他得出了一個顛覆性的結論：「焦慮遠不只是一種情緒，它根本上是一種你想實現自己生命意義的迫切感。其意義在於提醒你：你知道，你的生命不止於此。」

他認為人存於世表現為三種存在方式：或存在於周圍世界之中，或存在於人際世界之中，或存在於自我世界之中。人可以同時處於這三種方式的關係中，例如：人在進晚餐時（周圍世界），與他人在一起（人際世界），並且感到身心愉悅（自我世界）。

而對於自我價值感非常低的人來說，他的「周圍世界」幾乎被「人際世界」所填

滿，而他「自我世界」的感受則完全取決於他在人際世界中的感受——到底是被接納，還是被排斥？

我們拿吃晚餐來舉例。對自我價值感非常低的人來說，在她的眼裡，晚餐味道如何，餐廳氛圍如何，她是否享受這裡的美食，自己是否開心，也就是周圍的世界如何、自己的感受如何，通通不重要。

什麼最重要呢？跟誰吃！如果跟她一起吃飯的這個人，讓她覺得對方很喜歡自己、接納自己，那麼這頓飯就吃得非常開心。

反之，如果對方的感受或者反應很平淡，那麼她就會食不知味，心裡立刻就充滿了悲傷。再精緻的晚餐、再美好的氛圍、再誘人的食物，對她來說也已經黯然失色，提不起絲毫興致。

在戀愛的過程中，當男朋友問：「我們今天晚上吃什麼？」很多女孩會說：「隨便。」去哪裡吃、吃什麼，她都無所謂。因為她心裡只有對方，她考慮的也只有對方的感受。所以，一旦關係破裂，她感受到的不是失去了關係，而是失去了「我」，她會有一種窒息的、如同溺水般的「瀕死感」。所以，有些失戀的人會痛苦地說：「他的離去，帶走了我的整個生命！」

自我價值感低的人，往往在關係建立之初，甚至在關係建立之前，就已經開始為害怕失去而焦慮不安了。也許有些女孩會說，就是因為太在乎，所以才害怕失去。可是在我看來，幾乎所有的失去，都是從害怕失去開始的。

親愛的女孩們，人際世界是無法控制的，我們不能左右別人的想法，別人到底愛不愛我們、能愛我們多久，這些並不受我們的控制。別人如何對待我們，也都是我們自己教的。當男朋友詢問你的需求時，如果你總是回答「隨便」，慢慢地，他的心裡也就沒有你的位置了。因為你心裡都沒有自己的存在呀！

我們每個人都在無意識中教會了別人如何對待自己，有的人教會別人尊重自己，有的人教會別人好好愛自己，有的人則教會別人如何傷害自己。聰明如你，當然知道該怎麼選擇！

不再擁有這段關係，就是人生的失敗？

英國著名心理學家溫尼考特是研究母嬰關係和情感關係發展的世界知名心理學家。談到人的攻擊性時，他曾提到這樣的觀點：

當嬰兒還處於抱持期，也就是在六個月前，他跟他的母親是完全融合在一起的。在寶寶的感受中，媽媽等於寶寶，寶寶也等於媽媽。而那個時候的媽媽也幾乎完全失去了自己的時間。可是在嬰兒成長到六個月大之後，母親開始外出工作，或者不再將百分之百的時間都用來守護寶寶，這時候，寶寶會在潛意識裡產生一種沒能再贏得母親百分之百關注的挫敗感，他會將一切破壞了他跟母親之間緊密連結狀態的因素，通通視為搶奪者，甚至敵人。

生活中最常見的例子就是生第二胎。如果生二胎之前，家長沒有為第一個孩子做好心理建設的話，這個孩子往往會對第二胎的孩子心懷憤怒和仇視。因為他覺得弟弟或妹妹會瓜分他的資源，爭奪爸媽原本獨屬於他的注意力和愛，所以他會感覺到憤怒。

因此，那些在幼年時期沒能學會坦然接受親密且重要的人際關係發生改變的人，在日後的生活和工作中，他們對關係的變化格外地敏感、焦慮，對別人態度上的細微變化很容易就反應過度，甚至表現得神經質。因為在他看來，對方沒有及時回應他，就意味著面臨即將失去這段關係的危險。而不再擁有這段關係，就意味著自己是輸掉關係的那個人，這會讓他格外地不能忍受。所以，生活中才會有那麼多「奪命連環 call」，這對男人來說也許不堪重負，而對廣大女性來說，她內心的「波瀾」其實是：「他為什麼不回我訊息？他怎麼不接我電話呢？他到底出了什麼事？還是他跟其他女人在一起，不想讓我知道？」她越打電話，對方越是拒接電話，結果就是，她越打越煩躁，越打越焦慮，越打越憤怒。

不得不說，這種對關係格外敏感的女性，其實會給對方帶來非常大的壓力，後果當然是彼此不再親密，關係越變越糟糕。她所有的努力都在做著自以為對的事情，以為抓住了關係，就贏了，其實她做的所有努力，對關係的維持反而是巨大的傷害。

心理學有一個恆久的真理：接納是變好的開始。失去是我們每個人都恐懼的心結，而人生的真相是，我們這一生其實就是不斷失去、不斷告別：孩提時，我們會跟朋友告別；上學時，我們會經歷畢業，跟同學和老師告別；工作以後，我們可能會跳槽換工作，跟職場夥伴不斷告別；我們甚至還會經歷失戀、離婚；人生往前繼續，我們會逐漸失去青春、失去健康，在這個過程中，我們也會相繼失去至親至愛，之後，是我們自己跟這個世界告別……

也許，生命的最終本質就是不斷地失去、不斷地告別，然後不斷地放下。假如能夠早一些認清生命的殘酷真相，我們也就能對生活中的任何一種失去多一分泰然了。

幸福筆記

一、真正能讓我們擺脫孤獨感、空虛感的，不是將別人請進自己的生活裡，找一個人甚至是一群人來時時刻刻地陪伴自己，而是先找到真實的自己，學會和孤獨中的自己相處。

二、人際世界是無法控制的，我們不能左右別人的想法，別人到底愛不愛我們、能愛我們多久，這些並不因我們的主觀意志而改變。我們往往習慣從外在尋找自我價值感，可是真正的價值感其實根源於我們的內心。

三、我們這一生，就是不斷失去、不斷告別。

Chapter 3

人際關係中的安全感就是確定感和可控感

張智霖和袁詠儀是娛樂圈出了名的恩愛模範夫妻。

我曾看過張智霖的一個訪談。主持人問他為什麼那麼寵老婆袁詠儀？他說，給她的安全感不是買包而是寵愛。

不得不說，張智霖真是太懂女人心了！安全感確實是大多數女性一生都在追求的東西。那安全感到底是什麼呢？為什麼相比男人，女人更容易缺少安全感呢？

從心理學角度分析，安全感就是渴望穩定、安全的心理需求，屬於個人內在精神需求，是內心平和、放鬆、穩定的一種狀態，對自己存在的世界充滿了信任，主要表現為確定感和可控感。

大多數女人要的愛，其實是被愛？

作為一個心理學的重要概念，安全感最早見於佛洛伊德精神分析的理論研究。佛洛伊德假定：當個體受到的刺激超過了本身控制和釋放能量的界限時，個體就會產生一種創傷感、危險感，伴隨著這種創傷感、危險感出現的體驗就是不安全感的焦慮。

缺乏安全感會有哪些表現呢？具體表現為特別渴望結婚、內心渴望有個人來保護自己、不容易相信別人、對所有的變化都特別恐懼。

作家張愛玲身上就有比較明顯的不安全感。這跟她壓抑的家庭氛圍、破裂的父母婚姻、暴力的父女關係、尷尬的母女關係等因素都有密切的關係。

社會文化精神分析的代表荷尼（Karen Horney）提出了「基本焦慮」的概念，認為兒童在早期有兩種基本的需要——安全的需要和滿足的需要，而這兩種需要的滿足完全依賴於父母。當父母不但不能滿足孩子的這兩種需求，反而行為冷漠或乖僻，態度輕蔑，不尊重孩子個人的需求，對孩子缺乏真誠的指導，沒能給孩子足夠的安全感和百分之百的信賴，導致家庭氛圍緊張時，孩子就會對父母產生一種基本敵意。但由於那個時候的他渺小又無助，不得不依附父母成長，因而他只能選擇壓抑對父母的敵意。而長久壓抑的結果就是——把敵意投向整個社會。他們認為，世間的一切事物對他們來說都充滿了危險，這就導致了不安全感的產生，並發展成了基本焦慮。

拿張愛玲來說，我們在她大部分重要的作品中都能捕捉到一種「不安全感」的情緒。她雖然生在貴族之家，卻擁有不幸的童年和青少年時期。其母黃素瓊是心比天高的獨立女性，很早就丟下孩子去尋找自己心中的自由了。所以，張愛玲幼年時期基本上沒有感受過母愛的溫暖。至於父愛，那也是千瘡百孔，連帶著不堪的回憶。父親不尊重、打罵、羞辱、鄙視等負面的教養方式成了張愛玲一輩子的心理陰影。本應從父母那裡獲得的歸屬感和安全感基本上缺失了，所以「不安全感」成了張愛玲終身揮之不去的心理情結，她甚至感嘆說：「大多數女人要的愛，其實是被愛。」

人本主義心理學家馬斯洛指出，心理的安全感是人類的基本需要之一，它是生理需求得到滿足之後人類最最基本的心理需要。

對照我們的日常生活，我們能得出這樣的結論：對女性來說，安全感主要展現在兩個方面，一方面是物質帶來的安全感，比如說有錢有房，有穩定的、熟悉的生活環境，養老、生病甚至包括孩子的教育都有保障等等，這是物質帶來的安全感。另一方面是情感上獲得的安全感，比如說家是溫暖的，男人是可靠的，孩子始終陪伴在側，朋友們在你需要時都在。

有時候你看似在為關係努力，其實是在破壞甚至毀滅關係

對成年女人來說，要同時得到這兩種安全感並從中獲得滿足，最快、最直接的方式，就是結婚。結了婚，可以迅速得到物質和情感的雙重滿足，彷佛一紙婚書就能把物質和情感牢牢鎖進保險櫃。

因此，缺乏安全感的女性會格外地渴望結婚，甚至戀不戀愛都不重要，有人娶我就行。而結了婚之後，最不善於經營或懶於經營婚姻的女人，往往也是那些當初最迫不及待想要結婚的女人——這彷佛是個悖論，但真相確實如此。因為她們獲得安全感的方式一直都不是依靠自己，而是依靠外界。因此，她們常常把婚姻看作一個有形的、穩固的籠子，彷佛只要待在裡面就可以獲得長長久久的安全。

這也就不難理解，為什麼有些女性一旦結婚，她的世界裡就只剩下了老公和孩子，

她在婚姻裡沒有自我，也根本不想成長，所謂事業可以不要，腦子可以不轉，把家務事做好、照顧好孩子、坐等老公回家不離開自己，就行！

表面上，這是她們過於在意婚姻、過於在意家庭的表現。但在我看來，這是她們太缺乏安全感而過度依賴婚姻的表現。因為依賴並不是在意，過度依賴其實是不在意！你的過度依賴、過度在意恰恰是你不那麼在乎婚姻，不顧及丈夫和孩子內心真正感受和需求，也不肯跟婚姻一起成長的表現。長久以來，你看似是在為關係努力付出，其實是在破壞甚至毀滅關係。

你之所以這麼獨立，也許是缺乏安全感

有意思的是，當女性嚴重缺乏安全感時，會走向兩個極端，除了前面說的過度依賴男人和婚姻外，還有一種女人會表現得過度「有骨氣」，從不依賴男人，甚至誰都不敢依賴，過度強調獨立自主，她們從來不花男人一分錢，也從不向男人伸手要禮物，甚至吃飯也是搶著買單……其實，這也是內心缺乏安全感的一種表現。

對於這類朋友，我想說的是：獨立值得欣賞，但是，過度獨立會讓自己活成一座孤島，別人進不來，你也出不去！

我曾經為一位職場女強人做心理諮詢，多年來她一直不敢進入親密關係。對此，她的解釋是沒有遇到合適的，沒有人能「罩」得住她。可是跟她深談之後，我發現，其實她沒那麼相信男人。

正因為如此，她以女漢子自居，把自己所有的激情完全投入到工作當中，工作非常

出色，可是人際關係真是乏善可陳。

她說自己堅強又獨立，但我看得出來，她內心其實非常脆弱，也許一件很小的事情就能導致她情緒崩潰，只不過，她的崩潰別人無從窺視罷了。

美國著名心理學家弗羅姆認為，現代社會給人們極大的自由，但同時也使得現代人與社會、與他人的聯繫日益減弱，個人的責任日益增大。人們日益缺乏歸屬感，孤獨和不安全感經常來襲。為了滿足內心的歸屬感和安全感，很多人會把自己徹底封閉。這就是為什麼現在出現了越來越多的宅男宅女，越來越多的人不願意走進關係。歸根究底，其實是因為他們嚴重缺乏安全感，對周圍環境和他人不夠信任，因此不敢付出感情，特別害怕被辜負或者被欺騙。有些女人把自己活成了一隻渾身長刺的刺蝟，外表堅強、剛硬又獨立，有痛苦從不流露、有難處從來不講、有需要從來不提，其實內在柔軟、脆弱如小孩。不管她們是寄情於不斷地自我精進，還是像個大姊姊一樣把周圍的人都照顧得很好，卻唯獨忽略了自己，這背後其實都是「不相信」的情感在作祟——我不相信別人對我能像我對別人這麼好，我不相信別人對我的好是真的，我不相信別人能長長久久、毫無保留地對我一直這麼好下去。

這類女性在面臨是否要接受別人的愛的選擇時，內心是極度慌張的，她們會不斷在心裡質疑——「他對我的好靠得住嗎？」其實，潛臺詞是——「我值得他一直對我這麼好嗎？如果有一天他發現我沒那麼完美，會不會離開我呢？如果最終免不了會受傷，是不是不靠近、不開始、不投入這段關係會更好？」

可是，你不選擇開始，哪有機會欣賞到人生旅途中諸多美好的瞬間呢？更何況，你是世間獨一無二的存在，你絕對值得別人好好愛你！所以，別推開別人，也別拒絕親密，哪怕最後失去，擁有過美好也勝過你遠遠躲著，把自己關在心牢裡。要知道，你不是荔枝，把自己晶瑩剔透的心永遠包裹在冷硬粗糙、看似強悍的外殼裡，會把心磨得很疼的。

我們幾乎一生都在苦苦追尋控制感

我一位朋友是一家知名上市公司的創始人。有一次，我們相約去一家很有藝術氣息的商場喝茶聊天，那天剛好是連假，商場裡人挺多，有很多小孩子跑來跑去。

這家商場的中庭咖啡吧是一個開放式空間，冷氣開得很足。

但那天打從落座開始，我朋友的額頭就一直在冒汗，而且坐立不安。我詢問他是不是身體哪裡不舒服？他說感到憋悶，喘不上氣，但他知道不是身體的問題。我問他那是什麼問題呢？他說：「商場裡亂糟糟的，讓我感到環境和人都很失控，這很可怕，這種失控感讓我心裡像是有很多螞蟻在爬，總覺得像是要出什麼事了。我非常焦慮，也很煩躁，這種一切都不受我控制的感覺，甚至讓我覺得快死了……沒事，我最近常常這樣，可能是創業壓力太大了。」

我建議他去醫院檢查一下。

沒過幾天，朋友就告訴我，他去醫院做了檢查，原來是得到了焦慮症。

當時他對「失控感」的準確描述，讓我印象非常深刻：很可怕，像是有很多螞蟻在心裡爬，很煩躁，坐立不安，總感覺要出什麼事了，什麼都不受自己控制，很焦慮，甚至有一種快死的感覺……

我反覆提到的焦慮，其實都屬於慢性焦慮，也叫作「廣泛性焦慮」，只是一種焦慮情緒的體驗。但是，假如你也像我的這位朋友一樣，對「失控」非常恐懼，對「失控感」有著強烈的心理和身體反應的時候，那麼我們就可以將這種情況視為「急性焦慮」了。

無論是心理亞健康狀態的焦慮情緒體驗，還是急性的、突然的焦慮反應，它們都有一個共同的特徵——對控制和失控非常敏感。

「控制感」對我們的心理有怎樣的作用呢？我們先來看看這樣一些人：

第一種人：他們常常對自己和身邊的人什麼事都要管、都有要求。比如：必須一個月換一次牙刷、牙刷頭必須朝固定方向擺放、洗衣機必須設定洗清五次、要求自己的孩子或者是親近的人不能跟某一種人交往……一旦對方沒有按照自己制定的規矩行事，他就會變得焦慮、煩躁，甚至憤怒。

第二種人：總是要求別人為他做出改變，比如「你不改變，那就是不愛我」。有時候，甚至會以被動攻擊的方式達到目的，例如：如果對方拒絕改變，就會以態度冷漠、說話帶刺、消極以對作為回擊。

第三種人：常常忍不住去批判和指出別人的錯誤，總覺得自己有義務幫別人把意識不到的錯誤指出來。如果不直言不諱地批評別人，彷彿就會被話憋死似的，而且對別人的評價非黑即白，是非極其分明，只做二元價值判斷——好壞、對錯。當然，這種人常常用「我這人就是心直口快」來標榜自己。其實，心直和口快是兩回事。如果你是一個在意別人感受的人，心直未必就會口快。

第四種人：這類人通常表現出「我最有理」。在跟別人的討論、爭論中一定要拔得頭籌、佔據上風，如果別人的意見跟他不一致，他會不厭其煩地說服對方，直到對方說「好好好，你說的都對」。

第五種人：對成功、價值等自我精進的目標有著近乎變態的執著，極其勤奮、自律，甚至達到了不眠不休的地步。內心感受只和「價值」及「成功」相連，跟別人也極少有深度的情感連接，對他人甚至包括親近的人，要嘛非常苛刻、希望對方必須也是精進勤奮的人，要嘛無視也無感。這種人身體僵直、緊張不能放鬆，常常會患有頸椎病等問題。

從心理學角度來看，以上五種人其實是同一種人——控制感特別強、特別擔心生活失控、也是最容易焦慮的人。他們的心理和人格特徵源自內心對控制感的渴望和追求，透過提出要求或設立目標，並讓自己和（或）身邊親近的人實現這些要求或目標，來獲得一種對生活及周遭環境的控制感。

什麼是控制感呢？就是一種一切盡在掌握中的感覺。每個人一出生就有「握持反射」，即把某個東西放在孩子的手心裡，他會緊緊地握持住。我們以嘴巴吸吮媽媽的乳頭，不僅使口腔獲得了滿足感，同時也獲得了一些基本的控制感。再後來，只要我們一哭，媽媽就立刻來餵奶或者換尿布。這時，我們內心的控制感就更加擴大了，甚至覺得自己是全能的，任何事情都在自己的掌握之中，任何事情都能得到解決，這就叫「全能自戀」。

長大後我們才逐漸認清一個事實——有太多的事哭得再大聲也解決不了。但是我們幾乎一生都在苦苦追尋這種控制感，雖然一再受挫，卻還是一再地進行自我激勵。

比如，「人定勝天」就是人類的控制感膨脹之後的自我安慰，是在自我激勵時自造的「雞血」罷了。我們明知道人類不可能戰勝天災人禍，不可能完全掌控和贏過大自然，但是「人定勝天」這碗雞血，我們要先乾為敬，因為我們人類的本能會追尋一切盡在掌握中的控制感。

控制感為人帶來安全感、確定感和自尊感

我們每個人都需要對自己的生活擁有一定的掌控感。那控制感對我們又有怎樣的心理學意義呢？

首先，它讓我們有了確定感，進而有了安全感。

心理學研究發現，人類最大的恐懼之一就是害怕失去控制，而最強的動機之一就是擁有對生活的控制，獲得並保持一種控制感。當一個人覺得環境與自身都在掌控之中時，便會感覺到未來對自己而言是可以預知的，從而能夠獲得一種安全感。

其次，控制感會讓我們獲得「我覺得自己可以」的高自尊感。在人類過往的記憶中，我們常常會回味那些曾經取得的輝煌成就，以激勵現在的自己，這彷彿意味著，如今我們也一樣能做出成就。因此，對控制感的回溯常常和自尊相聯繫。

正是由於控制感為人帶來安全感、確定感和自尊感，因此，假如一個人在關係中無

法為別人提供控制感，那麼就會讓人在跟他互動的時候常常感到很焦慮，而這個人的所作所為也會被視為不可靠。

比如，約好的事總是變卦；計畫進行到哪一步從來不及時同步和分享；或者承諾過的事情常常不「兌現」，說話不算話；或者是行事風格一會積極熱切，一會被動消極……這些都會破壞掉別人的控制感，給人帶來「此人不可靠」的印象。「渣男」就是這樣形成的，因為他們無法滿足女性的控制感，總是變卦，總是說了不算話，女性又總是被他的節奏帶著走，因此，這直接影響到了女性的安全感、確定感和自尊感。

在享譽世界的成人童話《小王子》一書中，狐狸對小王子說的那句話充分詮釋了「控制感」在人際交往中多麼重要！狐狸給小王子的約定是：「最好還是在原來的那個時間來。」狐狸說道：「比如說，你下午四點鐘來，那麼從三點鐘起，我就開始感到幸福。時間越臨近，我就越感到幸福。到了四點鐘的時候，我就會坐立不安，我就會發現幸福的代價。但是，如果你隨便什麼時候來，我就不知道該在什麼時候準備好我的心情……關係應當有一定的儀式。」

由此，我們能夠得出一個很棒的人際交往的黃金法則：如果你想讓自己的人緣更好，想讓別人信任你，那麼你就要做一個能為別人提供控制感的人。比如，說話算話、守時、及時回覆訊息等等。這樣的你一定會給別人留下可靠、值得信任的印象。

可以肯定的是，控制感的提升，會在很大程度上緩解我們的焦慮情緒。但是我們都知道，在現實中隨心所欲地控制是不可能的，所以我們對控制感的需求永遠也不可能得到最大或永久的滿足。一個人過度在意、過度追求控制感，反而容易引發更大的焦慮，那我們該如何面對因為環境和他人不受控而引發的焦慮呢？

多和「失控」做朋友，這也是一種自我療癒

失控感，顧名思義，就是不受控制的感覺。我要告訴大家的是——控制感是一種療癒，而失控感也能夠發揮一定的心理療癒作用。

舉個簡單的例子。有些人在壓力大的時候會選擇去坐雲霄飛車，那種驚險和刺激會讓你體驗到一種全然失控的感覺——大腦瞬間一片空白，身體變得異常緊張，身體和思維以及感受完全不受控制。說真的，這種任由速度擺佈的感覺非常棒！下來之後，你仍然感覺兩腿發軟，但是，你的身體和心理是極度放鬆的。

所以，假如你因為「萬一我失去控制，我會……瘋掉的！」這樣的念頭而時常擔心、焦慮，那麼你不妨多去體會那種「瘋掉」的失控感，看看自己「瘋掉了」又會怎麼樣。多和「失控」做朋友，反而是一個很不錯的焦慮自救心法，這也幾乎可以說是一種心理上

的脫敏療法[6]。

漫漫人生路，若凡事皆可掌控，豈不是少了很多驚喜和樂趣可言？

接下來，我教大家三個關於失控感的小練習：

方法一：允許出乎意料的事情發生。

在生活中，意料之中是滿美好的，它讓我們覺得一切可控。而出乎意料帶來的要嘛是驚喜，要嘛是驚嚇。面對驚喜，你欣然接受；面對驚嚇，你也能迅速冷靜下來，平心靜氣地化解局面。

這樣的練習做多了，你就會發現，面對總是出乎意料的人生，你沒那麼焦慮了。不是得到了，就是學到了，每一次出乎意料都成了生命的禮物。

方法二：凡事盡力就好，不追求百分百不出錯。

就像我在前面提過的，承認和面對自己的「有限」和「侷限」。做任何一件事情，

6 又稱為漸進式暴露療法，一種認知行為療法，用於幫助克服恐懼或焦慮症。

把注意力放在自己是否盡力而為上，而不是結果到底符不符合自己的預期，是否達到了一百分。凡事只追求竭盡全力，結果任由其發展。我們要明白的一點是，結果根本不可控，任何事情的發展多多少少都會出現失控。你能控制的只有自己是不是盡力了。如果這樣想，你的焦慮感也會削弱很多。

方法三：只追求對大方向的控制感，放棄對小事情的控制。

比如，大方向是要去峇厘島度假，機票、飯店都預訂好了，那麼這時候，你的旅遊攻略就不必詳細到每一天在哪裡吃、哪裡玩、幾點幾分必須到哪裡、當天必須做哪幾件事了。否則，你可能會因為一件很小的事情沒有按計畫執行而陷入極大的焦慮中。因為一個小插曲而影響了整個旅程的美麗心情，這樣也太得不償失了。

其實，我們的人生也是如此，智者的活法是：人生的大方向訂好，目標也會根據現實情況及時進行調整，在每一件小事上力求全心投入、盡心盡力，至於結果，隨它去！那麼，這樣的你就很容易體驗到成就感，而且不那麼容易焦慮了。

幸福筆記

真正的安全感必須透過內心的強大來獲得。

我們每個人都在追逐安全感。這很正常，也可以理解。但很多人追逐著、追逐著，結果卻讓自己成了安全感的奴隸——害怕改變，保持現狀，不敢爭取。可是，親愛的，真正的安全感必須透過內心的強大來獲得。

怎麼獲得？試試這樣幾個方法：

從相信自己開始。相信自己的前提是自信，而自信並不是別人誇讚出來的，是自己給自己的。怎麼給？你必須讓自己的生命多經歷挑戰，並從中獲得突破和成長。比如，學一項新的技能、接受一個新的工作機會、主動迎接或製造積極的變化，甚至是獨自去旅行、學著獨自去面對和處理生活中大大小小的事情。

如果你發自內心想改變，那麼別偷懶，更別待在舒適圈裡。不斷自我成長的一個好處是會讓你遇見更美好的自己。因為當你跳出舒適圈，你將面對更多危險，那麼你身上的生命力、內心的野性和欲望都會被激發。而女人的性感不就和生命力、野性、欲望有關嗎？

Chapter 4

所有的人際關係都是互動的結果

宋代著名學者蘇東坡和佛印和尚是好朋友。一天，蘇東坡去拜訪佛印，與佛印相對而坐。蘇東坡對佛印開玩笑地說：「我看見你是一堆狗屎。」佛印則微笑著答：「我看你是一尊金佛。」蘇東坡覺得自己占了便宜，很是得意。

回家以後，蘇東坡得意地向妹妹提起這件事。蘇小妹說：「哥哥你錯了。佛家說『佛心自現』，你看別人是什麼，就表示你看自己是什麼。」

蘇小妹講的「佛心自現」，用心理學語言來說，就是心理投射效應。什麼是投射呢？投射指個人將自己的思想、態度、願望、情緒、性格等個性特徵，不自覺地反映於外界事物或者他人的一種心理作用。經典精神分析理論認為，投射是個將自己的過失或不為社會所知的欲念加諸他人（又稱為否認投射）的潛意識活動。

可以說，我們每個人都是有投射的，都是以自己的意識來對別人做出判斷。假如我們未經心理療癒，那麼我們其實無時無刻不活在過去的創傷裡，也就是活在心理投射裡而不自知。

越是不安，越想控制

在現實生活中，大多數女性不會承認自己有控制欲，她們往往會在心裡合理化自己的行為，為自己的行為增加很多註腳。例如：我就是比較細心愛操心，我就是柔弱沒主見依賴性強，哪是什麼控制欲?!還有人會說：我的另一半就是只會出一張嘴，我不做主誰來做主呢？

真的是這樣嗎？當我們靜下心來，真誠地面對真實的自己，去掉防禦的「殼」來談一談所謂的控制欲，我們會發現，答案並非如此。只有認識到這些，我們才能獲得真正的成長。

首先我承認，我本身就有控制欲，但是在學習心理學之後，我開始懂得正視自己，逐漸在改變。現在，我的親密關係和家庭關係都輕鬆自在多了，我自己也擁有了內心真正的優雅從容。

心理學大師海靈格說：「幸福的家庭都有一個共同點：家裡沒有控制欲很強的人。」這句話反過來理解就是——不幸的家庭一般都存在著一個控制欲很強的人，因為控制欲會導致很多的心理焦慮。接下來，我為大家剖析一下潛藏在我們心裡的控制欲，讓我們真實地面對自己。

當一個人對關係嚴重缺乏安全感時，會做出非常焦慮、不可理喻、讓對方壓力很大甚至是毀滅關係的行為。嚴重缺乏安全感的人就好比漂浮在湍急的河水中，他的本能反應一定是想抓住什麼得以自救對不對？在人際關係中也是一樣，正因為太過缺乏安全感，他才會那麼控制你，那麼沒完沒了地跟你找事、跟你鬧。

我在這裡要指出的是，控制欲不單指強勢控制，弱勢控制其實也是控制欲的一種。比如哭泣、生病、裝柔弱、裝可憐，甚至是不好好工作——「反正你得養我，對我負責！」這些都是在實施對對方的控制。

那些控制欲很強的人冷靜下來的時候，其實並不認可自己的行為。假如你有機會跟嚴重缺乏安全感的人深入交流，他們如果去掉防禦、誠實面對自己的內心，就會如實告訴你，他們也不喜歡這樣的自己，但是他們控制不了自己的焦慮。而一個人越是無法控制自己，就越想要控制別人！

過度的付出不是愛，是恨，更是索取

心的世界裡，有太多的「冤假錯案」。而心理學的作用之一，就是幫助我們看清這些「冤假錯案」背後真正的邏輯。只有這樣，我們才能在錯綜複雜的情感關係中，梳理出清晰的對策。

在生活中，你一定常常碰到這種天使一般的人，他們總是說：「只要你覺得好，我都可以接受。」但是當他們這樣表達的時候，你心裡的感受是否真的很好呢？「你若安好，便是晴天」這句話背後的意思是——「你就是我的天，我的天是晴是雨完全取決於你好不好，所以，你一定要好哦！」怎麼樣？你有沒有感受到一種無形的壓力撲面而來?!

日本知名心理學家、早稻田大學教授加藤諦三曾提出「善意操控」的概念。意思是說，有些人看似是為別人傾心付出，實際上卻在默默用表面的善意控制對方，為對方的心上了一道枷鎖。有時候，其後甚至還隱藏著滿滿的敵意。表面上是「只要你覺得幸福，我就可以接受」，但背後隱藏的卻是「只要我幸福，你變怎樣我都無所謂」。但無論是說的人還是聽的人，都沒有注意到這背後潛藏的真正意圖，只是常常會覺得無法和對方坦然、從容自在地相處，甚至會覺得不堪重負。

有些人以善意為名控制對方的內心，被控制的一方明明受到了對方的「攻擊」，卻往往難以抗議。美國著名心理學家弗羅姆稱這樣的人為「善意的施虐者」。

加藤諦三在《情感暴力》這本書裡舉了一個媽媽患有「彼得潘症候群[7]」的例子，非常典型。這位媽媽會為孩子打掃衛生、洗衣做飯，傾盡全力地照顧孩子，還會向孩子推銷自己，比如告訴孩子，自己是如何做好了飯、苦等著他放學一起吃，自己捨不得買新衣服也要為孩子買新衣服等等。媽媽總是不斷表態：「只要你幸福，媽媽怎樣都可以。」在這樣的家庭氛圍中，其實每個人都活得非常壓抑。而且作為孩子，他內心裡其實能感受到母親這句話背後的空虛、孤獨、不幸和焦慮。他甚至會因為母親這樣的付出而充滿內疚，覺得都是自己才讓母親這麼辛苦，所以會迫切想要長大，想要逃離。

這樣的人雖然嘴上說著「只要你幸福，我怎樣都可以」，但是當自己真的發生不幸

---

7 心理學名詞，指在社會面未成熟的成人。

時，她的態度就會轉變成「都是因為你，我才變成了這樣」。想想看那些過度付出的女人們，當丈夫或者孩子做得讓自己不滿意，或者是做了傷害自己的事情時，她們是不是會常常爆發出這樣的哀嘆——「要不是為了你，我也不至於像現在這樣……」最後可能還會補上一刀：「好吧，看來我只有忍了，忍一時風平浪靜，退一步海闊天空！我忍，可以了吧?!」

從最初的「只要你幸福，我做什麼都可以」，到最後變成了「好吧，我只好忍著你」！被付出的一方其實內心充滿了委屈，心想：「誰要你這樣做了?!你可以不付出那麼多，你也沒必要忍著啊，你這不是自我虐待、找罪受嗎？」這些過度付出、內心充滿了哀傷不幸的可憐天使們，其實是被內心深處滋生的空虛感、不安、恐懼、依賴心、自我價值感缺失等操控著的人，他們左右不了自己的人生，只好用善意和滿滿的付出來操控別人，以愛之名去要求和挾持對方，來達到自己的期望。

以前做節目時，我常說：「過度的付出不是愛，是恨，更是索取，看起來是在給，其實是在要！」自以為是的過度付出，不但不會讓對方感覺到幸福、快樂，甚至還會成為對方生命中不可承受之重，壓得對方喘不過氣來。這也就是為什麼，在一段一方拚命付出、另一方被照顧得特別好的關係中，最先逃跑的卻是被付出的一方——因為這種長期被操控的壓力，像是「你看我都做得這麼好了，你要是不對我好，你還是人嗎？」這種變了味、充滿脅迫感和壓力的愛，誰也受不了！所以，女人們，請停止你們對男人和孩子無止境的付出吧，先看看自己付出的背後到底想要獲得什麼，對自己誠實一點！

有時候，拯救關係的最好方式是讓渡權力

有一次，我在做節目時碰到一位聽眾，她跟我哭訴說，丈夫在家裡什麼都不管，這麼多年來家裡全是她說了算，她感覺日子越過越心累，內心也越來越難過、委屈，覺得婚姻快要維持不下去了。

那些說一不二的女人，照理說，關係中她大權在握，應該充分施展了控制欲。你在家裡像個女皇似的，難道還有什麼不爽嗎？可是她為什麼會心生這麼多委屈和憤怒呢？

我們來看看「人」字的結構就明白了——人世間所有好的、讓人舒服的關係，都是建立在互惠互利、互相幫扶、彼此支持的基礎之上的，因為「人」字的結構就是雙方相互支撐。所以，任何一段一方總是處於主導地位，另一方總是予以配合的關係，都是讓人感覺不舒服的，也暗藏著很多危機。不光是同事關係、夥伴關係、親密關係，就連家庭關係和親子關係也一樣，假如一方總是主導，另一方總是跟隨和配合而完全沒有自我意志

的表達，那麼關係遲早會崩壞或者是危機四伏的。

好的關係就像雙人舞，有進有退才有美。

所以，假如你在關係中是那個控制欲得到充分滿足、說一不二的一方，那麼拯救關係的最好方式就是讓渡一下權力——不妨讓對方也當當皇帝！

如何收穫一段美好的關係？我在這裡奉上自救心法。這個方法也需要大家的配合，一起來完成。

請你採訪你身邊的五個人，一個是跟你最親密、最知心的人，一個是你的父母之一，一個是你的上司，一個是你的同事，一個是你的閨密，你也可以將上述五個人中的某一個替換成你的孩子。

然後，詢問他們以下兩個問題：

問題一：你眼中的我是什麼樣子？請用五個關鍵字描述。

問題二：在你心裡，你希望我是什麼樣子？也請用五個關鍵詞描述。

然後把這五個人的答案全部收集起來，再對照一下你心裡預想的他們的答案，你會發現有很多不一樣。

加藤諦三說：「因情緒的成熟而去給予，並能從給予中獲得真正的喜悅的人，才可以從焦慮中解放！」對女性來說，只有真誠面對真實的自己，控制欲才會有所減退。前面提到的彼得潘綜合症，其實是一種不肯長大、不肯面對現實的心理症狀。那些唱著「我不想我不想長大」的女孩們，對外部世界總是充滿了恐懼，因此才會特別善於運用控制欲來保護自己。因為長不大，才會裝得像一個很會控制別人的小大人那樣！

真正成熟的大人會順勢而為，不去控制他人，懂得活出自己。

正如劉若英說的那樣：真正愛一個人，就是讓對方活得像他自己。

不管是作為父母也好、愛人也好、子女也好，我們一定要明白，愛是一種自由的存在。真正的愛從來不是以愛之名綁架和控制對方，而是讓對方活出自我，活得像他自己。

自我攻擊久了，可能會憂鬱

楊冪在出演《紅樓夢》中的晴雯一角時，自稱是一個「刀子嘴豆腐心」的人。一提到「刀子嘴豆腐心」，我想會有不少女性頻頻點頭：「沒錯，我就是這樣。生氣的時候，雖然講話難聽，可我的心是好的呀，我真的是完全為了他好呀，而且說了氣話後，我自己也非常後悔。氣話嘛，怎麼能當真呢？」

可是你知道你嘴裡飛出的「刀子」會為別人帶來怎樣的心理創傷嗎？刀刀不見血，但是一樣會傷人呀！《增廣賢文》裡有句話：「良言一句三冬暖，惡語傷人六月寒。」所謂的「刀子嘴豆腐心」其實是種藉口，讓人誤認為「刀子嘴心地善良」。但是很遺憾，沒有人能透過你惡毒的語言，看到你內心的柔軟和善良。

刀子嘴的背後，到底隱藏的是什麼心理呢？通常情況下，「刀子嘴」的人都標榜著「為你好」，一副通世事、無所不能的模樣，這種人其實充滿了攻擊性。攻擊性人人都有，因為我們本來就是動物。動物如果喪失了攻擊性，在自然界是很難存活下去的。

攻擊性是指具有對他人有意挑釁、侵犯或對事物有意損毀、破壞等心理傾向和行為的人格特徵。破壞性的攻擊性容易使人的內心產生一種負面能量。而心理健康的人可以透過合理手段釋放攻擊性。如果攻擊性過度累積、不發洩出去，可能會產生憂鬱的情緒。

心理學界普遍認為，攻擊性是生命活力的泉源。在我們中國人的認知裡，大家總以為攻擊性是言語或肢體的攻擊。但是，在英文裡，表示攻擊性的單詞——Aggressiveness，其實並不是貶義的，而是中性甚至是褒義的。除了侵略、攻擊的含義，還有一個受歡迎的含義——有進取心。因此心理學會特別強調，活出你的攻擊性，因為攻擊性直接和欲望、主觀能動性以及內在能量相關。

即便是憤怒的攻擊性，也不全是壞事，只要是合理的宣洩，攻擊性釋放出來之後，不光你自己的憤怒得到了排解和釋放，而且你真實的一面得以展示，你和別人的關係反而會更親近。比如有些人不打不相識，越吵關係反而越好。因為大家透過釋放攻擊性，加深了對彼此的瞭解。這些都是健康的。

而不健康的釋放攻擊性的方式是什麼呢？一方面是向外釋放攻擊性，也就是暴力行為，包括肢體暴力和語言暴力。另一方面是向內釋放攻擊性，指的是自責、內疚、悔恨、嚴重的低價值感、無力感、無能感、無趣感、受挫感、無望感或者絕望感，甚至自我譴責、自我懲罰、自我貶低等一系列自我欺負、自我虐待的行為。

憂鬱症的心理因素，就是長期將攻擊性指向自己，長期向內攻擊的結果。長期覺得自己窩囊、軟弱、無能，這也不行那也不對，這一切的一切都是我造成的，都是我的錯，我這樣的人活在世上有什麼用……在這裡，我不得不提醒你，趕快停止這樣的自我攻擊吧！因為這樣對你的身心健康都是極其有害的。自我攻擊久了，也許你就真的變得沒自信、沒價值感、情緒低落、失眠多夢、焦慮不安，甚至還會患上憂鬱症、強迫症。

說到這裡，我跟大家分享一個小故事：一個男孩尿床，非常痛苦，去做諮詢，一小時後，他興高采烈地出來了。

家人問：「醫生把你尿床的毛病治好了嗎？」

他說：「沒！」

「那你高興什麼？」

他說：「醫生讓我懂得，這不是問題。」

這個故事告訴我們，做到自愛並不難，接納自己的一切，無論好壞，都學會用欣賞的眼光看待自己；同時，切斷負面聯想、向內攻擊，讓自己的內部對話充滿濃濃的暖意。

刀子嘴的人內心一定是柔軟、善良的嗎？

合理釋放攻擊性對自己的身體和心理健康都是有好處的。但是如果方式不恰當，比如「刀子嘴豆腐心」，你自己是舒坦了，卻傷害了關係。我們試著設想一下，如果家裡有一個「刀子嘴豆腐心」的媽媽，她高興的時候，家裡就是晴天；她一不高興，嘴裡面就飛出了無數的「小刀子」。罵孩子的時候，她可能會說：「你怎麼這麼笨？你是豬嗎？」罵老公的時候，可能會說：「你真是個窩囊廢，我真是倒了八輩子楣才嫁給了你。」這樣的家庭氛圍會如何？全家人一定都不開心。

美國人本主義心理學家羅洛．梅在《焦慮的意義》一書中寫道：「臨床實踐已經證實，敵意和不安有直接的關係。」攻擊性背後的心理原因其實有兩種，一種是不滿，也就是憤怒；另一種是不安，也就是焦慮。而憤怒和焦慮都有可能直接轉化為暴力行為，比如有暴力傾向的男人通常內心都住著一個極其憤怒又嚴重缺乏安全感的小孩子；慣於使用語言暴力的女人，也就是「刀子嘴豆腐心」的女人，她們的內心裡也住著一個既憤怒、恐懼，又嚴重焦慮的小孩子。

除了不安和焦慮引發的語言暴力，還有一個導致女人「刀子嘴豆腐心」的原因是，在身體力量上，女性天生處於弱勢地位，所以，男人動手，女人動嘴。刀子嘴的人內心一定柔軟、善良嗎？我看並非如此。「豆腐心」真正的內核並不是軟弱心腸，而是容易懊惱、後悔，由於沒有邊界意識而容易過度承擔或者是容易受傷罷了。

「刀子嘴豆腐心」的人容易懊惱後悔，這不難理解，他們往往會在冷靜下來的時候，對剛才說的過分、傷人的話表示十分內疚，他們的心會馬上軟下來，甚至淚眼婆娑地說：「我剛才真的不是故意的，我說的都是氣話，你別往心裡去，我不是那麼想的。」

大家要小心了，他並不是在真正道歉，只是他冷靜下來之後，意識到剛才的語言暴力太具有破壞性和殺傷力了，意識到有可能已經傷害到關係了，他開始慌張地想要挽回而已。他的心軟是在表達悔恨，釋放「你有可能不再理他了」的焦慮，並不是真的對剛才自己的「刀子嘴」表達歉意。

「豆腐心」的人還有一個特點，那就是沒有邊界意識。愛碎嘴的人往往特別愛操心，尤其愛操別人的心，這是由於他們內心缺乏邊界意識，分不清哪些是自己的事，哪些是別人的事，哪些才是大家的事。他會把別人的事和大家的事都當成自己的事過度承擔起來，整天匆匆忙忙地付出，假如對方沒有如他所期待的那樣給予回饋，他就會特別憤怒和失望，由此就產生了攻擊性。不僅如此，由於沒有邊界意識，他們還很容易將別人請進自己的生活裡，對別人一廂情願地傾注感情，因此也就更容易受傷，當然也更加容易心懷不滿。

所以，「刀子嘴豆腐心」的背後其實隱藏著兩個真相——刀子嘴意味著不滿和憤怒、不安和焦慮；豆腐心意味著懊惱和後悔，意味著缺乏界限意識。

所以，刀子嘴未必豆腐心！

「溝而不通」到底是誰的問題？

我們常說，要做一個善於溝通的人。可是我發現，生活中大多數女性朋友對「溝通」二字卻並不以為然。為什麼呢？因為女人們自以為天生就善於表達、溝通。可是你有沒有發現，你跟你家那位或者是你的孩子在一起的時候，大部分時候都只有你在那裡喋喋不休。對方要嘛是左耳進右耳出地敷衍你，你說了上百遍也等於沒說一樣，於是你越來越狂躁，說得越來越多！要嘛就是對方躲得遠遠的，你愛說啥就說啥，於是你簡直快要原地爆炸了！

也許你會反駁說：「我溝通了呀！」抱歉，你這頂多算是無效溝通。

大家知道溝而不通的原因是什麼嗎？就是因為你那張嘴太能說了！你喋喋不休地不斷表達你的需要、你的感受和你的要求，這在對方看來，等於完全剝奪了他的語言表達機會。這種被剝奪感也會讓對方產生一種被語言暴力了的感覺，儘管你並沒有罵他，但是你只顧著說你自己的，他的感受也同樣很不好。

日本知名心理學者加藤諦三認為，情感暴力者具有三個特徵：一是他們誤把自己的執著當作愛；二是他們誤以為如果沒有充分展示自己，別人就不會重視自己；而第三個重大的誤會是，自己想要改變別人，或者是要變成別人口中那個理想化的人。

你是不是覺得不斷地嘮叨，不斷地關心他、提醒他就是愛他？

你是不是覺得假如沒有一遍又一遍地強調自己的感受和需求，他就不會重視你？

你是不是想要透過不斷地要求、規勸來改變他？

很遺憾，你這一火車的話都不能博得他更多的關心、關注和愛！相反地，他會躲你躲得越來越遠。因為，你從來就沒給過他說話的機會，從來沒有聆聽過他的內心，他真正想要的到底又是什麼，你從來不知道！

如果他跟你說：「只想靜靜。」那一定不是靜靜的問題，是你的表達方式出了問題。

有時候，你需要把講話的空間讓出來，讓他說。

請你拿出一張紙，寫下你在用語言攻擊對方的時候，或者是嘮叨對方的時候，最常用到的詞。當你這些刀子一樣的語言又即將脫口而出的時候，請你在心裡立馬按下暫停鍵，然後在你的小本本上將這句話劃掉一次！下一次又做到了，來，再劃掉一次。

當你能夠一次又一次地克制住不再「小李飛刀手起刀落」的時候，你就能理性地表達和溝通了。

言多語輕，話說得多了，份量也就輕了，把講話的空間讓出來，讓他說。他不說，你就該忙什麼去忙什麼，或者給他一個溫柔的擁抱，幫他捏捏肩也好。要知道，在人際溝通中，並不是只有語言才是你可以使用的工具，你的身體也一樣可以利用起來，包括性生活。

語言是帶有情緒的，能給人溫暖，也能給人傷害。但願我們都能在溝通中體會愛與平和。

好好說話的人最可愛，我們有話好好說！

蘇格拉底曾說：「世間有一種能力可以使人很快完成偉業，並獲得世人的認可，那就是令人喜悅的講話能力。」說話，看似簡單，實則是一個人情商最高級的表現形式。可以說，好好說話是一門學問，更是一門藝術。那我們該如何好好說話？怎樣說才能有效緩解我們的焦慮呢？

好的語言表達方式有一個重要的原則，請大家記好——將你的語言與當下的感受連接，也就是說，請你直接用語言表達出你內心真實的感受和別人的感受，當你的語言能夠維護別人和自己的感受時，它就是溫暖的、讓人感覺舒適的、如沐春風般的語言。

你怎麼想的就怎麼說，不帶情緒地表達你的感受，在說的時候也注意照顧對方的感受。用一句話來總結就是——能夠準確地表達真實的感受，又能維護彼此感受的語言，就是好的語言。兩點之間，直線最短，說話別兜圈子，有啥說啥，不打擊、不否定、不威脅、不比較、不冷淡，我們們好好說話。

我總結出了三種能讓人迅速緩解緊張和焦慮情緒的句式，而且這樣說話能讓聽者充分感受到你的愛。我們一起來學習一下：

1. 希望式表達

把你的抱怨轉換成希望。試著把「你怎麼連什麼什麼都做不到？」轉換成「如果你能做到什麼什麼，就好了」。比如，老公回到家，你別氣勢洶洶地說：「我每天也很累的好不好！你怎麼整天連碗都不洗呀？」而是轉換成：「老公，我太累了，你要是能幫我洗洗碗就好了……」當你這樣坦誠地說出自己的累，同時又溫柔地表達自己的需求時，你老公會忍心拒絕嗎？

希望式表達——「如果你能幫我做什麼什麼，就好了。」

2. 目的式表達

把你的恐嚇轉換成具體的目標。別再說：「你要是做不到什麼什麼，我就怎樣怎樣！」而是轉換成：「如果老公近期能達成什麼什麼目標，我覺得就很棒！」給對方設定一個很具體的、現階段夠得著的小目標。例如，別跟你的伴侶這樣說：「你這輩子要是賺不到一個億，我的青春就是餵給狗了！嫁給你可是白瞎了！」好的表達應該是：「老公，我們倆要是明年年底能存夠五十萬塊錢，然後你還能帶我出國玩一圈，我就幸福死了！」

目的式表達——「如果你近期能達成什麼什麼目標，我覺得就很棒！」

3.方法式表達

把讓你著急跺腳的焦慮轉化為具體的、可操作的建議和方法。別再說：「唉呀，你怎麼連這個都會做錯呀！」而是轉換成：「如果這樣做，會不會更好？」比如，別跟老公說：「你是豬嗎？連這都做不好？」而是轉換成：「老公，你看啊，如果下一次再遇到類似的問題，我們們這樣處理，會不會更好？你說呢？」充分尊重對方的感受，同時又提出建設性的意見，如此賢妻，能不愛嗎？

方法式表達——「如果這樣做，會不會更好？」

接下來，我出一個小作業給大家：請將你近期對親近的人說過的最難聽的話，試著轉換成愛的表達。試試看！

最後，願語言只是最美的情話，不再是傷人的武器。

真正傷害你的，是你對事情的看法

有不少朋友，特別是女性朋友，尤其是戀愛中的女性朋友，對戀人有沒有及時回覆訊息這件事是非常非常在意的。若對方回訊息晚了，她就會先是生氣——「哼，一點都不在意我！」而猜忌——「他到底在幹嘛呢？跟誰在一起？」緊接著就開始擔心了——「他不會出什麼事了吧？」……甚至會焦慮到快喘不過氣來。假如對方有過幾次沒有及時秒回的行為，她簡直就有了分手和中斷關係的念頭，甚至想把對方封鎖！為什麼呢？對方並沒有傷害她呀。可是她會覺得：如果你總是讓我處在不確定的恐懼中，那麼你就是個不可靠的人，就是在傷害我！其實真正是誰在傷害她呢？是她內心的不確定感，說白了，就是自卑心理在作祟。

所謂不確定，就是你不確定自己能否跟對方一直走下去，不確定對方的心裡到底有沒有你。如果你的內心是篤定的，又怎麼可能會因為他沒及時回覆訊息而生氣呢！

所以，避免讓內心不確定的小怪獸跑出來傷害自己、傷害關係的最有效的方法就是，鍛煉一下「沒及時收到訊息」的耐受力，有意識地用理性規勸那個因沒及時收到資訊而抓狂、焦躁的自己。

然後，一次又一次地延長自己耐心等待的時間，在這個過程中，你可以嘗試轉移注意力，讓自己去做點更有意義的事，而不是只盯著他，盯著手機！當你不再因為他不及時回訊息去發脾氣，而是該幹嘛幹嘛時，他說不定會反過來更關注你呢。

真正能傷害你的，從來不是事情本身，而是你對事情的看法。要想讓自己免於傷害，就要用樂觀的視角去溫柔地看待問題。

幸福筆記

一切外在關係都是我們內在關係的投射。別人就是我們的一面鏡子，幫我們照見更真實的自己。如果我們想改善人際關係，就必須從改變自己開始。

Chapter 5

你現在的不如意，和原生家庭有關嗎？

說到原生家庭，很多人首先想到的就是相愛相殺的母女關係。

不知道大家有沒有看過電影《黑天鵝》，這部電影講述的就是不健康的母女關係給生活帶來的「災難」。

美麗的女主角妮娜的母親，曾是個事業輝煌的芭蕾舞演員，因意外懷孕生下妮娜，斷送了自己的舞蹈生涯。她將自己未完成的舞蹈夢寄託在女兒身上，盡心盡力地看護著女兒，嚴格掌控著她的生活，希望女兒有一天能替自己登上職業的巔峰。為了實現這個願望，她對女兒的關心照顧可謂是無微不至，甚至連指甲都會替妮娜剪。雖然已經成年了，但妮娜依然如小女孩一般生活，沒有男朋友，沒有任何母親之外的社交生活，而且行為拘謹、難以放鬆，甚至出現了妄想症。

生活中，「黑天鵝」式的母親並不少見。她們以愛之名，將全部心力都投入到女兒身上，結果，一個始終都無法找到自我，而另一個始終都無法活出自我。

父母真的皆禍害？

關係焦慮，其實是女性所有焦慮的源頭所在。我們每個人的一生都離不開關係，我把我們一生遇到的關係劃分為五種，分別是家庭關係（你跟你的原生家庭，也就是你跟你父母之間的關係）、親密關係（伴侶關係）、親子關係（你跟你的孩子之間的關係）、生涯關係（你跟你的職場以及職場裡的人之間的關係）、自我關係（你跟自己的關係）。

在這五大關係中，家庭關係，也就是你跟原生家庭（父母）的關係，是一切關係是否健康順暢最基礎的因素。可以說，父母構建了你的心理底層邏輯。心理學研究也早已證明：一個人的童年經歷，特別是原生家庭，對個人的性格、行為、心理有決定性的作用，會產生長期、深遠的影響，甚至會決定一生的幸福。

熱播影集《都挺好》就殘忍地揭開了原生家庭中那些我們不忍直視的瘡疤。劇中的蘇明玉深受原生家庭的影響，從小生長在一個重男輕女的家庭。父母的偏心，給她帶來了一輩子都無法磨滅的傷痛。她媽媽的眼裡只有兩個哥哥，也只關心兩個哥哥。大哥上清華，要出國讀書，媽媽就算是傾家蕩產也全力支持。二哥讀大學，找工作，甚至是買婚房，都是媽媽想方設法出錢幫他搞定。

可是，到了明玉這裡呢？好學的她想買一本習題集，媽媽都不給買；明玉成績優秀，本是上清華的料，可媽媽說：「女孩子家，讀那麼多書幹什麼？還不是要嫁人變成別人家的人？」最後給明玉報了一個免費的師範學院。

明玉傷透了心，與家裡斷絕關係，再也不曾回家。當她再次回家時，已是十年後，因為母親突然去世。

從小父愛母愛缺失，明玉雖然在職場混得風生水起，內心卻無比痛苦，極度缺乏安全感，總有一種被拋棄的感覺。所以她很獨立好強，並且一心想與這個家庭決裂。

這不禁讓我陷入了沉思——原生家庭是否真的會影響我們的一生？父母是否皆禍害？我們不如意的人生都是父母造成的嗎？

當然，我本人對這些觀點是持否定態度的。

過度捲入型：原生家庭的事都是我的事

對原生家庭的關係感到焦慮的女性，她們通常會發展出兩種行為方式：過度捲入型，父母甚至那一大家子的事都是我的事；過度逃離型，我再也不要回到那樣一個家。

不知道有多少孩子從小到大都是看著父母的臉色長大的。父母是家裡的天，他們的情緒就是家裡的「晴雨表」。父母情緒好，家裡就是晴天；父母情緒不好，家裡就是陰天；父母大發脾氣，對孩子來說，就是家裡電閃雷鳴。

那些過度捲入型的女性，幾乎從小就是一個緊張的、被父母嚇壞了的小女孩。她們對家庭的氛圍極其敏感，總覺得家裡的天氣狀況跟自己有關，是自己的責任。她們從小就學會了看大人的臉色行事，只要父母臉色一變，就會立馬終止自己的行為，哪怕這是她內心真正想做的事！

之前在做夫妻婚姻關係治療的時候，我反覆跟一些父母講，為什麼關係不和諧卻既不尋求和解又要拖死對方的婚姻狀態，反而會對年幼的孩子造成非常大的心理傷害？因為孩子對父母的情緒變化非常敏感，他是完全能夠捕捉到家裡的低氣壓的。當父母不開心、吵架、嘔氣、冷戰的時候，年幼的孩子並不知道到底發生了什麼，他只會把這一切跟自己是不是不可愛聯繫起來，並在幼小的心裡埋下一顆種子：「我乖，爸爸媽媽就高興；我不乖，爸爸媽媽就不高興。他們總是不高興，一定是因為我不乖，他們覺得我不可愛。」要怎樣才能讓他們高興起來呢？那就是要看他們臉色，討他們高興，讓他們覺得我乖！

孩子這樣的內心潛意識，或許永遠也不會講給大人聽，但是他的心靈會徹底陷入辛苦又心酸的「向上討好」的心靈泥潭裡，日漸扭曲，在他非常小的時候，「做自己、愛自己、為自己而活」的認知就已經被處理不好自己婚姻關係的父母徹底碾碎了！

所以，總是被父母教育要懂事、要把好東西讓給弟弟妹妹的大姐，或者是成長在父母總是情緒不好的家庭中的那個小心翼翼的女兒，她們長大以後會成為對原生家庭格外操心，貌似強大到什麼都能扛，其實內在格外脆弱容易焦慮的女人。只要家庭氛圍能好一點，她願意為她的父母甚至包括弟弟妹妹等在內的這一大家子奉獻自己的一切！

對原生家庭過度捲入型的女人，她們內心的能量是枯竭的，常常有一種燈枯油盡的感覺。自己的內在每天都在枯竭，她能不焦慮嗎？

這樣的女性著實讓我心疼。因為她們心裡彷彿就從來沒有過自己的位置，更別提好好愛自己！這樣的女性在組建了家庭之後，對自己的伴侶和孩子往往遠不如對原生家庭那樣有耐心，她甚至會對自己小家庭裡的成員表現出不管不顧的自私。

只對自己父母那一大家子好，對自己的家卻自私、冷漠、疏離，這樣的女人為何活得如此分裂？原因其實很簡單，她把自己的家當成了她自己，她不懂得如何愛自己，又怎會懂得愛自己家裡的伴侶和孩子？可以想見的是，她的孩子日後將重複她的命運。

在不自覺中，她將父母帶給她的糟糕影響就這麼遺傳給了下一代。

對原生家庭過度捲入型的女性，還有一類需要我們格外的自我警醒，就是那些從小被父母的偏心和忽略深深傷害過的女人。比如，在重男輕女的家庭中長大的女兒，或者是家裡三個孩子排行老二的那個女兒。可能連她們自己都無法解釋，為何父母偏心、對自己不好，長大以後反而是她最操心父母呢？她可能會以為這是愛，其實在心理學看來，這是一種潛意識的報復——「你們小時候沒對我好過，現在我要加倍對你們好，讓你們羞愧，讓你們意識到你們對不起我！」

那些因為潛意識的報復而對年邁的父母百般付出的女兒們，她們總是會不斷地對別人發牢騷，而且總是莫名地心累和委屈。看得出來，她對父母的好並不是那麼心甘情願。當然，她也不會承認自己對父母又抱怨又過度付出的行為是存在報復心理的。

只有當你鼓起勇氣，直面真實的自己時，你才能真正看清自己，才會懂得開始修復、療癒你內在的創傷，這樣，你才能與原生家庭和解，與過去的自己和解，你才能真正走出來，活出一個全新的自己。

過度逃離型：我再也不要回那個家

過度逃離型非常好理解，通常在那些比較有個性、很早就有自我意識和自我主張的女孩身上出現。父母為自己提供的養育環境太差了，差到讓自己無法忍受，感覺一天也待不下去。於是她盼著快快長大、趕緊結婚，早點逃離這個家。比如說《都挺好》裡的蘇明玉，對原生家庭徹底絕望的她，選擇了與父母斷絕關係，離家出走。

但我要提醒大家的是，在現實生活中，這類女孩婚姻失敗的可能性會比較大，因為她們可能會為了儘快逃離原生家庭而做出錯誤的選擇，而且她們的心裡累積著多年來對父母的憤怒，這些憤怒就像埋藏在她們內心深處的活火山一樣，被她們帶到自己的婚姻關係裡，隨時可能會被觸發，表現出來就是脾氣不好、情緒陰晴不定，或者對伴侶過度挑剔，因為她們在潛意識中把對父母沒有給夠自己的愛的渴望，一股腦地強加給了自己的伴侶。

這讓我想到了民國才女張愛玲。我在前面也提到了，她的父親張廷重是窮途末路的封建遺少，母親黃素瓊是心比天高的獨立女性，兩人的婚姻一開始就是一個錯誤，更讓人心痛的是，他們倆把對彼此的恨全都投射到了無辜的兒女身上。所以，張愛玲自小就缺失父愛，父親嫌惡、否定、毆打她，甚至叫她去死……她長大後則把自己對理想父親的渴望投射在了伴侶身上，先後經歷兩段婚姻，胡蘭成比她年長十四歲，賴雅比她大二十九歲。張愛玲曾袒露自己的婚姻觀：「我一直想著，男人的年齡應當大十歲或是十歲以上，我覺得女人應當天真一點，男人應當有經驗一點。」這種擇偶觀的形成，其實就是她對父愛的追尋。

可是，大家要知道，我們的伴侶並非全能，他們也會因為我們諸多強加的需求、渴望、標準而陷入對婚姻、對伴侶的失望中。所以拚命逃離原生家庭的女性，一方面成了舊關係（也就是原生家庭、與父母的關係）的受害者，另一方面又成了新關係（也就是自己的婚戀關係）的加害者，而不自知。各種關係都處理不好，自然焦慮叢生。

若要超越原生家庭帶給我們的愛與痛，與父母和解，活出全新的自己，那麼我們都需要一些勇氣去療癒心中的那個「家」。如何跟原生家庭和解？這是一個非常大的話題，我們不可能透過一篇文章就完全地梳理透澈，在這裡給大家一個建議，請你不妨試試看。

這個方法就是：請你完成兩封寫給父母的信。一封坦白真誠地向他們傾訴你的委屈和憤怒，另一封向他們表達你的感謝和感恩。如果你足夠有勇氣，可以找個心平氣和的機會，把這兩封信讀給父母聽。如果沒有勇氣也沒關係，這兩封信不需要寄出，那只是你跟父母和解的第一步，是幫助你自己消解焦慮要做的積極改變。

我知道這不容易，但是一個不曾療癒原生家庭的創傷，沒有和父母和解的人，是註定不可能真正做自己、擁有自己的人生的。只有當他明白自己性格中那些負面的東西來源於哪裡，主動跟原生家庭和解，他的心理狀態才能真正得以改變，一個全新的自己也才得以誕生。

渴望被看見、被呵護，即便是無趣的媽媽

佛洛伊德認為，人人都有伊底帕斯情結（也就是戀母情結）。不過，有心理學者針對女性的成長提出了不同的觀點：和男性的戀母情結不同，女性對母親的依戀並不是簡單的伊底帕斯情結，她對母親的依戀並不是出於對母親的欣賞和敬仰，而是因為母親是她學習親密關係的第一個客體。

而對母親來說，女兒更像是她延伸出的一部分自我，因此，對於女兒的長大，幾乎所有的母親都有著非常多的擔心。這種擔心如果過度，往往會演變為一種控制，甚至是詛咒。

「那個男朋友會不會只是想把你騙上床，你要小心一點。」

「你的主管給你的工作任務這麼難，你恐怕勝任不了吧……」

「你跟這個朋友交往會不會拉低你的學習成績，你可別交友不慎哦。」

「媽媽跟你說的小心成剩女嫁不出去，你到底聽進去了沒？」這些對女兒的過度擔心，聽起來是不是很像詛咒？

之前我在做節目的時候，曾經碰到過這樣一個女孩，表面上，她非常溫順溫柔，非常好相處，其實她卻有養冷血動物的愛好，養了很多蜥蜴、蛇，而且她跟關係比較親密的朋友相處時，經常表現得非常乖戾，甚至不好相處。這種對媽媽的極度順從跟她對親密朋友的乖戾形成了強烈的反差。

後來，她在跟我的交談中反覆提到母親，她說她母親實在太煩人了。母親無休無止的擔心和嘮叨如同魔法一般施加在女孩子的身上，在母親這種極度束縛的關愛中長大的女孩會是什麼模樣呢？一邊喪失自信，害怕為自己的人生做出選擇；一邊對母親充滿了憤怒和反感，時刻想要逃離，可是她內心深處又對母親充滿了內疚和自責，總覺得遠離母親活出自己，是對母親的一種背叛。對女孩子來說，這種過於親密、過於深重的愛真是生命中的沉重枷鎖。

這類女孩往往表面上會表現出對自己各個方面的不接納，覺得自己長相難看、行為舉止不自在、性格也不夠好，總之，自己是一個不討人喜愛的女孩。事實上，這是對母親的不接納。當母親把女兒當作衍生出的一部分自我時，女兒的自我界限也是模糊的、充滿焦慮的。

女孩對母親不接納，源於母女的分離焦慮。換句話來說就是，女兒要離開母親，踏進自己的成人世界時內心產生的焦慮感。這對大多數自我人格發育不夠成熟的母親來說，是相當困難的一個心理過程，因為她的自我在生養女兒之前並不完整，是女兒讓她得以完整。擁有了女兒的她，彷彿就擁有了一個完美的自己。於是有一天，當長大的女兒要和她分離了，這感覺就如同從她的心上活生生割掉一部分，她會焦慮、會恐懼、會不知所措，她便將這種焦慮投射為對女兒成長的過度擔心和嘮叨。

心理學研究表明，對自己失望的母親，更容易和女兒產生矛盾。我們甚至可以說，你跟母親的關係有多糟糕，幾乎就反映了母親對她自己有多失望。

因此，我們長大成人之後，跟母親和解的第一步，就是要先弄明白母親對自己的失望到底在哪，有多嚴重。

在我們還是女嬰和女童的時候，我們意識中的母親都是完美的、強大的，但進入青春期之後，我們發現，母親也有著那麼多的不完美，她也會把很多問題處理得相當糟糕。於是，對母親的自我失望，我們在心理上產生了投射性認同，我們也認同母親是一個焦慮不安又不夠智慧的女人，甚至在內心裡開始討厭母親。請注意，對自己失望的母親不見得都是弱勢的，有可能還相當強勢，而且表面上強勢不講道理，完全聽不進不同意見。

我們要如何跟這樣的媽媽和解呢？將對母親的完美期待丟進垃圾桶吧！從今天開始，結合母親的原生家庭和成長經歷重新看待母親，然後你會明白，原來母親也有著很多力所不能及的、心有餘而力不足的「有限」和「侷限」，她的眼界、她的格局、她的思想意識將她困在一方狹小的空間裡，很多時候並非她願意如此，而是她只能如此，母親的自我成長也一樣卡在了她生命的某個階段，有待去完善和成長。

其實，我們的母親也只是一個極其普通的女人。這麼多年來，我們卻用完美母親的標準去苛責她，這並不公平。

與母親和解——懂得呵護她的「少女心」

我的一位閨密跟我說過這麼一件事：她跟她媽媽的關係其實並沒有別人看到的那麼好，尤其是在閨密生了孩子，她媽媽來幫她照顧小孩之後，總是矛盾不斷。有一次閨密下班回家，幫女兒買了一隻 Hello Kitty。可是第二天醒來，她發現媽媽正坐在沙發上，抱著 Hello Kitty 仔細端詳，臉上流露出了非常萌的表情。

這時候她才意識到，原來像粉色 Hello Kitty 等這些女孩子都喜歡的東西，在媽媽的童年裡卻是極度缺失的部分。所以別看媽媽是個老太太了，可是當她看到 Hello Kitty，第一次摸到它，感受小玩偶的可愛時，她的心裡也萌發出了少女狀態。那是媽媽在少女時期不曾體驗過的粉紅色的夢境，所以細心的她在第二天下班回來的時候，又帶回了一隻 Hello Kitty 送給媽媽。媽媽雖然表面上非常不好意思，甚至說「你幹嘛亂花錢，我這麼大年紀怎麼會玩娃娃」。但閨密看得出來，媽媽的眉梢眼角都是藏不住的喜悅！

我們常說，每個男人的心裡都住著一個長不大的少年。其實，每個女性的心裡也住著一個長不大的少女，無論年齡幾許，她們都是有少女心的，關鍵是她身邊的人是否真的愛著她，能夠接納她的少女心偶爾非常放鬆地跑出來，哪怕只是稍縱即逝。

加拿大兒童教育專家曾做過一項關於「你不喜歡媽媽有哪種表現」的調查。他們隨機抽取了一百二十所幼稚園，共兩千餘名兒童參與調查，最後總結出了六種最不受孩子歡迎的媽媽，其中「無趣、不好玩的媽媽」位居前列。那麼媽媽們又是如何變成無趣的媽媽的呢？其實，從少女到女人的成長過程中，當媽媽們不再是少女，而是變成妻子，變成母親，變成一個生命的庇護和倚仗時，她們只得早早地壓抑、掩藏起自己的少女心，然後把自己曆練成「鋼鐵女戰士」，以適應這個社會。所以，那些無趣的媽媽們，其實一直活得緊張又沒有自我。

但我相信，沒有誰不渴望被看見、被呵護，即便是你眼中無趣的媽媽。如今媽媽老了，而你長大了。你對母親「少女心」的呵護，會讓母親感覺自己被看見了，在女兒這裡得到了足夠的照顧、體貼和寵溺，感受到了被愛，她就會放鬆自己，而這便是在反哺父母。

一個健康的家庭中，每個成員都應該是獨立的存在，愛著彼此的同時尊重彼此，媽媽對女兒是如此，女兒對媽媽更是如此。願天下母親都真正懂得什麼是愛，把自由和自主還給孩子的同時，去追求屬於自己的生活和快樂；也願天下女兒都懂得去呵護母親的「少女心」，讓她活出自己曾經理想的模樣。我想，這就是母親和兒女最好的和解方式吧！

女兒送給母親最好的禮物是教會她愛自己

美國家庭治療學派最有影響力的心理治療大師薩提爾曾經這樣總結親子之間的真正的愛：幫助孩子確立自我價值感，建立自信，讓孩子學會愛和被愛，讓他們願意學習新的東西，願意去冒險，這是每個家長留給孩子的最好禮物。

那什麼才是兒女對父母真正的愛呢？是常常買保健食品、給紅包嗎？是常回家看看嗎？這些都是比較表面的對父母的愛，或者說，僅僅做到這些並不足夠。真正能觸及靈魂的對父母的愛是——幫助父母再次找回自我價值感，讓他們願意學習新的東西，願意去繼續探索這個新奇的世界，讓他們切切實實感受到愛和被愛。

這幾年，我也在改變自己愛父母的方式，從以前的買保健食品、買衣服、買鞋、買吃的，漸漸變成了買書、買 iPad、買智慧型手機！回到家時，經常幫他們在手機上下載一些非常有趣的 APP 或者是軟體，教他們玩，陪他們一起玩。

現在，我爸爸看新聞，看各種資訊都是透過電腦，而我媽媽收到智慧型手機和 iPad 後，迷上了玩自拍。他們玩這些電子設備玩得甚至比我還熟練。與此同時，我還發現他們的精神狀態越來越好，而且越活越年輕了。我想，這跟我喚醒了他們對這個世界的無限好奇有關。

在所有女兒對母親的愛中，教會母親愛自己是特別重要的。由於各種壓力的影響，我們的媽媽可能生活得非常簡樸，省吃儉用，捨不得花錢，生活特別不講究；或者是她們內心缺乏安全感，所以不敢去接觸和探尋未知的事物；又或者是由於跟父親的關係不那麼好，所以母親對自己的形象疏於管理。而這些都是細心的女兒可以為母親做的。幫助母親更新生活觀念，時不時地給予她讚賞、支持，鼓勵她大膽去嘗試，就像我們耐心地鼓勵自己的孩子那樣。而這，就是反哺。

當然，能夠反哺的前提是，你已經過好了自己的生活，是否結婚生子不重要，關鍵是，你是不是個足夠愛自己的人，你是不是已經能夠把自己照顧安排得很好了。只有當你心智成熟並懂得怎樣才是好好愛自己時，你才能給母親很多支持，教會母親像你愛自己一樣，學會愛她自己。

這世界上，最無私的愛不是佔有，更不是控制，而是在無盡的關愛裡，與對方一起成長為更美好的自己。

在跟母親相處的過程中，當你感覺到的是歲月靜好，而不是劍拔弩張的時候，你內心的焦慮自然會減輕很多。因為你內心裝著滿滿的愛，而焦慮的本質就是缺愛。所以，試著跟母親和解，重新開始愛媽媽吧！如此，你才會真正懂得愛自己！

自我療癒焦慮情緒，要從學習愛自己開始。而與母親和解才是我們愛自己的第一步。

雖然說在心理學看來，原因即解藥，也就是說，找到了原因就等於找到了解決問題的方法，但如何落實到更具體的行動中才是最關鍵的。在這裡，我要特別強調一點，焦慮自救心法最重要的是——你要去行動，只有真正去做了，焦慮才能得以緩解。焦慮自救，不能只停留在腦海中。

佛洛伊德曾說過這樣一句話：「只有當預期中的滿足已不存在，幻覺才會被放棄。」用通俗的話來說就是，在我們內心從孩子成長為大人的過程中，慢慢放棄我們對全能父母的幻想，回到現實裡，理解並接納真實的、不完美的父母，在現實與理想中找到一個平衡點，找到一個合適且舒服的方式與父母和諧相處。怎麼做？那就從放棄對完美母親的期待開始吧！

父親在家庭中的樣子，藏著孩子的未來

「小龍女」吳卓林的消息隔一段時間就會上一次熱門搜尋。在父親成龍缺位的日子裡，離家出走、輟學、自殘、自殺、出櫃，這個叛逆的孩子一次又一次地挑戰著大家的心理承受力。

那麼多父親缺位的故事中，這是我聽聞過最讓人心碎的一個。在女兒的心理發展和發育過程中，父親究竟扮演著怎樣的角色呢？

加拿大安大略省聖傑洛姆大學針對二十到二十四歲女學生所做的調查研究顯示，父親對女兒的感情、性心理與社會發展都有很大的影響。報告中還說，女性能否坦然地面對自己的性別，與她們感覺父親是否予以自己足夠的肯定和支持大有關係，她們在內心裡越是認為父親肯定自己的女性性別，處理生活和親密關係問題的能力就越好。反之亦然。

父親對女兒的心理影響主要表現在哪些方面呢？我認為，首先體現在女兒對自己性別的認同感上。佛洛伊德將父親描述為兒童眼中的保護者、教育者和自己未來理想化的形象，而認同作用（指個體潛意識地向別人模仿的過程）會促使兒童將父親作為榜樣進行模仿，使自己的行為越來越像父親。

父親對於一個孩子的發展，特別是對於其自我認同的發展具有重要作用——他幫助孩子從心理上與母親分離，教他們學會自我控制，學習各種規範和規則，同時，他還能緩和孩子母親的情緒，避免她過度情緒化地處理她和孩子之間的關係。

前面我曾提到過，母親跟女兒的共生關係，也就是母親把女兒看作是延伸的一部分自我，因此久久不願意和女兒分離。假如這個時候父親的角色能夠很妥善地參與進來，讓女兒意識到自己是作為女性的獨立個體，可以被允許發展出跟母親不完全一致的性格、思維方式和處事方式，那麼女兒會對自己身為女性這一性別產生認同感，分離焦慮也能得以緩解。

可以說，女兒將來會成長為什麼樣子，很大程度上取決於父親與女兒共度的時日。

無條件的愛與信任，是父親能給女兒的最充足的養分

作為父親，他能為女兒提供足夠的安全感和被保護的感覺，這將大大有助於日後女兒對男人產生足夠的信任。

美國和紐西蘭心理專家的一項聯合研究發現：父女關係的好壞直接影響到女孩青春期發育，要嘛促使女孩正常或提前到達青春期，要嘛延遲女孩跨入青春期的門檻。他們指出，如果父親讓女兒感到威脅、疏遠、不關心，不僅會使女兒失去安全感，也會影響她的人格發展。從女孩的情感發展來看，她們對父親的依賴心和愛戴心理往往更強，她們渴望從父愛中獲得安全感和特有的保護。

如果父親給了女兒足夠的安全感，那麼她會感到自己更有價值、更重要也更自信。

馬伊琍[8]的爸爸就用他滿滿的關愛、呵護、肯定、信任，培養了知性優雅、自信大方的馬伊琍。

在一期《朗讀者》的節目上，嘉賓馬伊琍回憶起了高一時的一段小插曲：被老師告知家長她和多個男生早戀，思想品德那一欄還被老師給了差評。當時的她無法想像父母看到這樣的評價之後會是怎樣的反應，心裡滿是恐懼。結果，父親的一個舉動讓老師倍感意外，也讓馬伊琍感到異常窩心——他竟要求老師列出女兒早戀對象的名單，之後還堅定地對老師說：「我女兒我最瞭解，我還是找校長去說吧。」

受了委屈的馬伊琍頓時被父親感動得落淚。她在節目中坦言：對女孩子來說，如果有一個非常非常愛她的父親，這個女孩活在世界上會很有底氣。

無條件的愛與信任，是父親能給女兒的最充足的養分。這樣的父親會讓女兒懂得一個男人應當具備的責任、擔當、理性、深沉、格局、心胸、正義、榮譽、價值、克制等父性化的珍貴品質。當父親真誠地面對女兒，真實地表現出自己的男子氣概時，女孩就學會了尊重男性，平等地對待男性。與此同時，她們也將學會青睞那些尊重自己、平等對

---

8 中國女演員，於《環珠格格》第三部中飾演紫薇。

待自己的男性，避開那些會傷害自己的男性。

而不被父親關愛的孩子又會成長為什麼模樣呢？性格方面會有明顯的弱點，如膽小、容易焦慮、過於內向、神經質、優柔寡斷、自信心及責任心不足等。

父親的身影裡，透著女兒未來伴侶的輪廓

對女孩來說，父親的影響是巨大的。在她的人生成長之路上，父親能夠指引她對異性有著健康的認識，當然也可能錯誤地引導她們，令她們在與男性相處時困惑迷茫，焦慮到不知所措。可以說，父親是女兒長大成人之後關於異性伴侶的參照。一個好父親的身影，透著女兒未來伴侶的輪廓。

父親是女兒生命中第一位男性，能為女兒樹立心目中男性的標準——好的父親會讓女孩希望未來的伴侶也能像父親那樣來對待自己，而壞的父親榜樣則會讓女孩希望千萬別遇到這樣的男人。

美國密西根大學歷經五十年調查得出結論：六十五%的母親發現自己的女婿和丈夫如出一轍！因為女兒在成年後會按照父親的模式選擇男友以及丈夫。調查顯示，女孩和異性交往的能力，與父親相關的程度達到四十%。如果說，母女的親密關係帶給女孩滿足

的體驗和情感的支持，那麼父女關係則會讓女孩初步懂得怎樣與異性相處，以及如何維持與異性之間的關係。

做節目的十八年時間裡，我遇到過許許多多總是在感情上受挫的女孩，有一些女孩甚至戲稱自己是「渣男磁鐵」。跟她們深入溝通之後，我發現，她們情感之路走得如此不順，大多數都跟父親有關。

之前我在做心理諮詢的時候，遇到過這樣一個個案：女孩有嚴重的自殘傾向，老是在胳膊上劃一道一道的傷口。她說，男朋友總是會莫名其妙地離開她，可事實上，對方各方面條件都不如她。她也一直不敢和比自己條件好的男人交往，因為她的自我認同非常低，自覺配不上更好的男人。面對親密關係，她經常說的一句話是：「有人願意愛我，願意跟我在一起，已經不錯了，我還奢求什麼呢？」

後來我才知道，這個女孩長期生活在重男輕女的家庭。爸爸覺得她的出生就是一個錯，從來不用正眼瞧她。她也從來沒有從父親那裡得到過任何肯定，內心自卑又沒有安全感。長大後，在與異性的相處過程中，她充滿了畏懼和沒自信，所以總是遇到欺負自己、利用自己、欺騙自己、不把自己當回事的渣男。

父親對女兒一生幸福的影響何其深遠！可是現實生活中，父親們又做得怎麼樣呢？

中國青少年研究中心副主任孫雲曉曾表示：「父教缺失是我們民族很大的隱患。」絕大多數中國人認為，父親的家庭責任就是賺錢養家，為此，他可以經常外出應酬、談生意、出差、陪客戶……父親這個角色的社會性太濃，而家庭性卻被媒體、文化和輿論刻意地淡化了，他們原本應該承擔的家教責任和陪伴責任也很少被強調，即便被拿出來說也似乎不痛不癢。所以，有些父親不願意插手孩子的培養和教育，認為那是孩子媽媽的事。甚至有父親以工作忙為由，把照顧孩子的重任完全交給了媽媽。對於這樣的父親，我想說，有些工作，晚些做並不會讓你失去什麼。但孩子的成長，錯過就不再擁有！

改變不了父母，我們可以改變自己！

父親對我們女性的心理發育如此重要。但是父親已經形成了慣性思維定式和行為模式，我們不可能去改變什麼。已經從少女成長為女人的我們，又該如何重新「養育」自己，幫助自己修復由於父愛缺失或者是父親教育不到位而帶給我們的傷害呢？

改變不了父母，我們可以改變自己！原生家庭帶給我們的傷害和影響一樣可以得到修復。我們不妨設想一下，假如你有一個足夠好的父親，他的哪些特質、個性、品質對你處理問題最有幫助呢？

我們先來看看理性方面——

人們常常認為女性容易感情用事，其實，女人的感情並不見得比男人更充沛，她們只是對男人的感情更外露，但是，女人的情緒確實要比男人更豐富。所以，這句話應該換成——女性是容易情緒用事的。女人雖然在人前優雅、恬淡、雲淡風輕，可是，一旦遇到觸發情緒的事情，尤其是內心的不安全感、沒自信、焦慮感被點燃的時候，她的負面情緒便像滔滔江水一般，能把身邊親近的人淹沒……這就是為什麼女人越是面對親密的人，負面情緒越多，越無法控制自己而使小性子、大發脾氣的原因。

這時候，假如足夠好的父親在你的身邊，面對情緒失控的你，他會對你說些什麼呢？他一定會告訴你，太情緒化的女人，會讓人受不了，你失控的壞情緒甚至會嚇到他人，讓你之前樹立的所有好形象、所有的付出頃刻間歸零。所以，面對壞情緒，要理性一點、克制一點！他也許還會告訴你，假如你總是情緒失控，總是讓自己陷入焦慮或憂鬱的境地，你的工作和身體健康都會受到負面影響。然後，他會安撫你，可能會帶你外出遊戲、玩耍，幫你轉移注意力，讓你開心起來。總之，在你情緒失控的時候，先帶你離開現場，等你的情緒平復了，恢復理智了，他再坐下來面對面地和你溝通，幫你解決問題。足夠好的父親一定會帶給你這樣的人生指引。

那麼現在，請你把「足夠好的父親」換成你自己。每當情緒失控的時候，你要像一個足夠好的父親那樣提醒、敦促和引領自己，學習足夠好的父親理性、寬和的一面，把它內化到自己的心裡，變成你思維方式的一部分，將你的情緒好好管理起來，就像足夠好的父親期待你成長的那樣自我成長。

除了理性管理情緒，你還要學會足夠好的父親面對困境時的自持和自勵，也就是自我堅持和自我激勵。社會對女性的刻板印像是柔弱的、不夠堅定的、膽小不敢冒險的、遇到困難容易退縮的。其實這是對女性的誤解，生活中有相當多的女性並不是這樣的，因為她們在成長中已經發展出了父性人格的特質，雖然外表是漂亮的弱女子，但她已經在自我成長中發展出了偏男性化的剛毅品格。這對女性發展自己的事業、處理家庭矛盾來說，都是非常重要的品格。

假如你的父親做得並不好，他讓你時至今日依然非常沒有安全感，所以不敢冒險、害怕困難、特別容易放棄和妥協。這時，你又能做些什麼呢？想像一下，當你遇到困難不想堅持的時候，足夠好的父親會對你說什麼呢？「加油，寶貝，你是爸爸最棒的成就，我的女兒一定不會輕易放棄！別著急，辦法總比困難多，陽光總在風雨後嘛！別沮喪，你一定行的，爸爸看好女兒！加油，你是爸爸的驕傲！」這些話，請你也說給自己聽，告訴自己一定要更堅強、更勇敢，因為足夠好的父親一直在看著你呢！一個非常堅定又時常自我激勵的女人，是足夠好的父親更願意看到的模樣，所以，你要加油！

幸福筆記

近二十年來，我一直在節目中和我寫過的書裡宣導一種觀念：「一個人前半生的命運，是由他的家庭出身和父母對他的培養教育決定的，但遺憾的是，不是每個人都能幸運地遇到一百分的父母。而每個人後半生的命運，卻可以透過自我成長改變。我們完全有能力學習做自己的一百分父母，在心理上重新養育自己。我們也完全有可能修復父母當初帶給我們的傷害，讓原生家庭的痛在我們這一代徹底終結，而不去影響下一代。」

因此，我認為，原生家庭對我們心理健康的影響並不是一，而是〇．五。另一個〇．五則是我們後天為了自我成長所做的努力。大家能夠靜下心來閱讀關於女性焦慮自救方面的文章，這本身就是一個自我養育、自我療癒的過程。原生家庭給你的〇．五加上你自我成長的〇．五，就構成了一個完完整整的你。如果你再努力賺錢、好好戀愛、樂觀生活等等，就會為自己在「一」後面加無數個零了。

所以，千萬不要抱怨、不要放棄、不要逃離，更無須焦慮，原生家庭之痛並非無法化解。總有一天，你會和自己的原生家庭、和過去的自己和解，然後從抱怨逃離到會心一笑，並輕聲地對全新的自己說句：「勇敢的女孩，你好。」

Chapter 6

誠實面對自己的能力所及

我曾看到過一篇關於「拚命三郎」蔡依林的報導。在採訪中，蔡依林說道：「追求完美是個 bullshit（狗屎）。」她為什麼這樣說呢？我深入瞭解才知道，蔡依林對完美的追求可以說到了極致的境地。學習舞蹈時，她一天要練十四個小時，練到傷痕累累，累到暈倒；挑戰芭蕾舞二十轉，練到肩胛歪掉，大腿肌肉拉傷……為了在粉絲面前展現完美的一面，她甚至刷牙時都把一隻腳掛在肩膀上練一字馬。

不斷地追求完美，好像已經成了她生命中不可或缺的部分。可蔡依林卻自嘲地說：「以前追求完美，讓自己活得不像人，因為永遠追不完。」

她說：「我是要做就要做到極致的人，比一般人還瘋狂。」可到頭來卻找不到自我。直到身體被拖垮時，她才發覺：「身體在訓練、暗斥我，不要再這樣對自己。」

壓抑的不只是欲望，還有生命的活力

每個想透過學習心理學來加深自我瞭解的人，有三個概念是一定避不開的，那就是著名的精神分析學派鼻祖佛洛伊德提出的「自我、本我和超我」。在心理動力論中，「本我」（完全潛意識）代表欲望，受意識遏抑；「自我」（大部分有意識）負責處理現實世界的事情；「超我」（部分有意識）是良知或內在的道德判斷。

那些過度追求完美的人，大部分是由於內在的「超我」過度強大，強大到完全壓抑了「本我」的欲望和念頭。

比方說一個超級自律的人，他每天拚命地減肥，為了減肥壓抑了食欲；每天拚命地運動，以此抵消性的衝動和能量，壓抑了性欲；拚命地工作學習，以此來壓抑、抵制惰性。看起來，他的情緒好像永遠雲淡風輕，其實他是壓抑了內在的憤怒和哀傷。這樣的人，永遠對自己有著更高的要求。

我們不得不承認，如此自律的人是非常容易取得成功的。我們甚至可以說，如果你想取得成功，就必須具備這些「成功者的素質」才行。但是，任何事物都是物極必反的。生活中，我們常常看到，不少人功成名就之後，卻在事業輝煌之時突然患上了病。這確實讓人無法理解——他都已經那麼成功了，有什麼好憂鬱的呢？

過度追求完美是如何讓我們變得更加焦慮、憂鬱的呢？之前在做心理諮詢的時候，我曾遇到過一位非常成功的企業家，卻身患憂鬱症。他說，他內心總有一個聲音對自己說：「一定要努力，否則你就廢了。」這種聲音不斷地提醒他，一定要自我精進。所以，即便別人都覺得他事業成功，但他永遠都覺得自己不夠好，還差得遠。

如果我們去深入探尋、瞭解那些追求完美的人的內心世界，就會發現，他們常常處於一種極度焦慮、極度沒有安全感的狀態當中。當他說出「我很擔心自己一安逸下來，整個人就廢了」這句話之後，其實背後的潛臺詞是「我很擔心，當我不能再為別人提供價值的時候，我就不值得被愛了」。在追求完美的人的心裡，只有強大、卓越、能力出眾的「超我」是有價值的，而自己的另外兩個組成部分——本我和自我根本不值一提！

所以，對追求完美的人來說，常年壓抑自己作為一個生命個體的基本欲望和人性中的脆弱已經是一種常態和思維定式。「我是生活的強者，我怎麼能哭、怎麼能懶、怎麼能弱、怎麼能輸?!」這樣導致的必然後果是，自己的大腦離自己的心越來越遠，因為，他越來越不懂得關注自己的真實感受和情緒，而是將注意力投注在「別人怎麼看待我的價值」這一件事情上。壓抑人的基本欲望，其實就是在壓抑生命能量，於是生命活力越來越低。所以，憂鬱症又叫「生命活力喪失症」。這就是過度追求完美的人的最終結局。

生活中，大多數工作狂人都對自我的完美和自我價值感有著近乎偏執的追求，這種追求背後的心理真相是——對失去愛的極度恐懼。過度追求完美的結果是，也許你的事業非常值得被稱道，但你的身心健康或許就岌岌可危了，因為過度追求完美是招致焦慮、憂鬱等情緒的最直接原因。

其實，哪有那麼多眼睛在盯著你，又哪來那麼多的觀眾和敵人呢？不敢低頭、不敢流淚，表面上，你是堅強如鋼鐵，實際上，你是不肯承認和面對自己的脆弱罷了。因為逞強和堅強，並不是同一回事！

想讓自己成為更好的人，這本沒有錯，可是完美是追不完的，盲目地追求完美只會讓自己陷入一種瘋狂的怪循環之中，卻對追求過程中失去的東西渾然不覺，很多時候甚至會為自己和他人造成很多不必要的負擔，讓自己活在「完美」的陰影之中。

性格是天生的，人格是可塑的

這是一個人人焦慮的時代，幾乎沒人能倖免於難。其實，各種各樣的焦慮只是表像，真正的癥結在我們每個人的心裡，追本溯源，是我們不懂得如何愛自己。

假如我們的心裡有一個槽，這個槽不是用來裝水的，而是用來儲存愛的，那麼，如果一個人內心裡的儲愛槽是空的，他的內心必然會焦慮叢生。一個人只有學會了好好愛自己，將儲愛槽裝得滿滿的，他內心的焦慮才會得以緩解。所以，與其說我是在教大家如何緩解焦慮，不如說是教大家如何愛自己，如何從內心裡真正從容、優雅起來。

愛自己並不是一句口號、一句空話，也不是停留在膚淺的買買買上。愛自己的第一步，是跟自己的原生家庭和解。第二步是瞭解和接納真實的自己。瞭解自己，當然離不開瞭解自己的性格類型和人格類型。

人跟人的性格有相似性，但人格很難有相似性，性格和人格並不是一回事。

性格，顧名思義，指一個人的性情品格，即每個人在對人、對事的態度和行為方式上所表現出來的心理特點，比如誠實或虛偽、謙虛或驕傲；比如勇敢或怯懦，果斷或優柔寡斷；比如熱情或冷漠，開朗或憂鬱；比如思維敏捷深刻、邏輯性強，或思維遲緩淺薄、沒有邏輯性等等。可以說，待人接物即性格。它是個性的核心部分，最能表現個別差異。

人格是什麼呢？人格是人類獨有的，由遺傳因素與後天環境相互作用而形成的，能代表人類靈魂本質及個性特點的氣質、品德、品質、信仰、良心以及由此而形成的尊嚴、魅力等。

老戲骨陳道明就是非常具有人格魅力的代表。出身書香世家的他，書架上擺滿了古典文學，琴棋書畫樣樣精通；拍《康熙王朝》時，為了演好康熙，他把《清史稿》都翻爛了；拍《建國大業》，總共一分多鐘的戲，他把閻錦文的史料翻遍了，還親手改良軍裝戲服；拍《圍城》，連錢鐘書都寫信告訴他：「你讓我看到了一個活的方鴻漸。」

關於他的人格魅力，宋丹丹曾這樣寫道：「如果你是一個成熟女性，當你認識了陳道明，你要是不愛上他，那一定是你缺乏自信。」

人跟人的性格有相似性，但人格是很難有相似性的，這就是人格的獨特性，也是所謂的「人心不同，各有其面」。

不同的遺傳基因、不同的生存及教育環境，形成了我們各自獨特的人格特點。面對挫折與失敗時，堅強者能發憤拚搏，懦弱者則一蹶不振，這就是不同人格特質的發展結果。人格是心理健康的重要指標，它決定了一個人的生活方式，甚至是一個人的命運。當一個人的人格結構在各方面都彼此和諧統一時，他的人格就是健康的。否則可能會出現適應困難，甚至出現人格分裂。

一般來說，一個人的人格心理特徵一旦形成，便具有相對的穩定性，不會輕易改變。但它是可塑的，培養和發展我們的人格就叫自我成長！而心理學就是來幫助我們重新認識和整合我們的人格，幫助我們培養和發展我們的人格的。

性格是內向型還是外向型，並不是絕對的

性格指的是你待人接物的方式，是現實層面的事。人格指的是你的思想、心理、品德、情感、情緒等綜合氣質和精神面貌，是精神和靈魂層面的事。

人格決定性格，人格不健全、不健康的人，性格也比較難適應社會。反過來說，性格反映人格，我們透過一個人待人接物的方式，就能大致瞭解他的性格和背後的人格健康狀況。

對於性格和人格，心理學有眾多門派的理論和劃分方式，其中較為人所熟知的，就是榮格關於人的內向傾向型和外向傾向型的劃分。

開始分析以前，我想請大家先問問自己——你覺得自己是內向還是外向呢？也許有人會說：「我性格內向，因為我不善交際，對別人的眼光和評價很敏感，在公共場合發言或表現自己會感到不自在、很緊張等等。」你又是如何看待外向的人呢？我猜你心裡會

總結出這樣的句子：外向的人熱情、開朗、健談，他們誇誇其談，有時還很張揚，惹人討厭。

如果答案是這樣，那我要告訴你：你大大誤解外向和內向了。

一九一三年，瑞士心理學家榮格首次提出了內傾型和外傾型性格，他根據欲力（libido）的傾向，也就是人的興趣和情志的傾向，將人的性格劃分為內向和外向。個體的思想活動傾向於外部環境，就是外傾性的人；思想活動傾向於自己，就是內傾性的人。

於是，人們普遍認為，外傾型（外向型）的人，重視外在世界，愛社交、活躍、開朗、自信、勇於進取、對周圍一切事物都很感興趣、容易適應環境的變化。而內傾型（內向型）的人，重視主觀世界、好沉思、善內省、常常沉浸在自我欣賞和陶醉之中、孤僻、缺乏自信、易害羞、冷漠、寡言、較難適應環境的變化。

其實，這是一種對榮格理論的誤解。在榮格的理論中，人的性格是內向型還是外向型，並不是絕對的，而是像陰陽太極圖一樣，外向和內向是相輔相成的。比如，很多世界知名的喜劇大師，私下卻是非常內向的宅男。

舌燦蓮花的知名主持人何炅就說自己是個很悶的人：「可能是性格的原因吧，其實我從小就是個老實規矩的孩子，甚至有些自卑，不過我普通話說得好，就老是被要求參加演講或者主持，所以現在的狀態都是被逼出來的，舞臺上燈光亮了，我就會很活潑。私底下跟朋友在一起時，我絕對不是帶氣氛的那一個。」

內向的你，真的需要改變嗎？

研究發現，內向的人之所以內向，恰恰是因為他內心活動過於豐富，對外部世界非常敏感造成的。也就是說，人的內向並不是因為他不在意外界、只在意自己。事實相反，正是因為他太在意外界，才性格內向的。

為什麼性格內向的人在公開場合會緊張、放不開，表現得很不自在？其實是因為他心裡太渴望跟別人交流和交往，卻又擔心自己表現得不好，所以才自信心不足，乾脆把對外的「觸角」收了回來。

同樣地，我們說一個人適合做銷售，是因為他性格外向嗎？其實是因為他對別人的評價、攻擊以及不接納沒有那麼敏感罷了。

所以，你還認為是自己性格內向、不善言談才交不到朋友嗎？並不是這樣的。真正的原因是，你對別人的態度、評價過度敏感，卻又不願意試著對別人敞開心扉。你像鴕鳥一樣把自己埋進沙堆裡，讓別人看不到你，這樣的你怎麼可能交到朋友？

承認自己想要融入社交的強烈渴望，同時學著降低你對別人評價的敏感度，學會不那麼在意別人對你的看法——「愛誰就愛誰，我開心就好！」這才是你讓自己性格變開朗的第一步。

你看，性格內向也沒什麼好焦慮的，對不對？所以，對內向的人來說，首先要做的是——接受自己的本性。

其實，我也是個性格內向的人，不喜歡應酬和泛泛的交際，跟生活中大多數人一樣，有時候內心戲也特別多，但是這並不妨礙我成為一名出色的主持人，不妨礙我成為心理諮詢師、成為一家創業公司的老闆，而且我的閨密、哥們也特別多。因此，內向並不影響事業的成功，也不影響家庭的幸福、人際關係的交流。外向型和內向型的性格其實各有各的好，你只需要學會如何善用它們。

那麼，我們可以從哪些維度來認識自己的人格呢？

心理學領域關於人格的理論非常多，近些年廣泛被認可的是 BIG FIVE（五大人格特質）——麻省理工學院的心理學教授用來解釋人的人格和個性的五個模型，它們分別是：

1. 開放性（openness）：表現出喜歡想像、有審美情趣、情感豐富、求異、愛創新等特質。

2.**盡責性**（conscientiousness）：表現出公正、條理、盡職、成就、自律、謹慎、克制等特質。

3.**外向性**（extraversion）：表現出熱情、社交、果斷、活躍、冒險、樂觀等特質。

4.**親和性**（agreeableness）：表現出信任、利他、直率、依從、謙虛、移情等特質。

5.**神經質**（neuroticism）：表現出平衡焦慮、敵對、壓抑、自我意識、衝動、脆弱等情緒特質，即是否具有保持情緒穩定的能力。

如果一個人的神經質表現得非常突出，情緒穩定性特別差，那麼他就有發展為人格障礙的可能。

什麼是人格障礙呢？就是這個人的人格特質已經嚴重影響到了他的工作和人際交往以及正常的生活了。比如，以個性偏執為主要特徵的偏執型人格障礙、以過度焦慮為主要特徵的焦慮型人格障礙、以違法亂紀、對人冷血無情為主要特徵的反社會型人格障礙、以常常情緒突然暴發、傷人傷己且難以自控為主要特徵的衝動型人格障礙、以過度缺乏自信不能獨立生存和生活為主要特徵的依賴型人格障礙、以過度誇張自戀的言行吸引他人注意的表演型人格障礙，還有過度嚴謹苛刻追求完美的強迫型人格障礙等等。

我們常說心理疾病、心理存在問題，到底怎樣才算得上心理有問題、有疾病呢？就是存在上述嚴重的人格障礙或者是焦慮、憂鬱、強迫等精神官能症，而且這些症狀已經嚴重影響到正常的工作和生活！

在這裡，我必須提醒你，千萬別對號入座！也不要隨便為自己或別人貼上「心理有問題」的標籤，大部分人只是有焦慮的情緒和心境而已，離心理問題還差得遠呢！

誰沒有神經質的時候？誰的情緒又能像水平面一樣，一直保持平靜、穩定、波瀾不驚？誰又不會心情突然跌到谷底，偶爾負能量一下？

心理學的作用就是幫助我們重新整合和發展我們的人格，也就是幫助我們面對和解決第五種人格類型（神經質和情緒穩定性）帶來的人生問題。而其他四種因素——開放性、盡責性、外向性、親和性，可以被看作是積極的人生能量。心理學透過對我們進行神經質和情緒穩定型的調適，能讓我們變得更加開放、更加有責任感、更加外向開朗熱情、更加親和。「活出本真，愛人悅己」，這就是心理學對我們最大的作用。

改變能改變的，接納那些不能改變的

心理學最重要的功能就是教會了我們要自我接納。什麼是自我接納？很多人認為，自我接納就是：「我不成功、不幸福，我接受這個事實，知足者常樂嘛；我脾氣性格不好，情商也不高，說話直總是得罪人，還愛偷懶，可我就是這樣的啊，我就是我，自我接納嘛。」

我不得不再次提醒大家，這樣理解大錯特錯！這不叫自我接納，是你在替自己拒絕成長找理由。

真正的自我接納是什麼呢？是我們能夠真實地面對自己的一切不完美，接受那些不能改變的，努力改變那些能夠被改變的。

什麼是不能改變的？比如，你的原生家庭和你的父母，即使他們曾經傷透了你的心，你也無從選擇。這已經是不能改變的事實。再比如說，你的身高、你的長相、你的身材，除非是去整形，否則這些也是不能改變的。又比如說，你的智商、你是不是左撇子、你帶有家族遺傳的先天性疾病或是先天缺陷、你的基因、你的脾氣性格等等，這些都是不能改變的。尤其是那些已經發生過的事，誰欺騙了你，誰傷害了你，除非有時光穿梭機能帶我們回到過去，否則也是不能改變的！

對於這些不能改變的，我們只能接納，不再糾結，不再陷入痛苦的「憑什麼對我不公平」的內心煎熬裡，徹徹底底地照單全收，攤開雙手，接受一切，不再為這些不能改變的事實浪費一絲一毫的精力。

那麼哪些是能改變的呢？雖然你的身高、長相、身材不能改變，但是你可以透過化妝、美容、穿衣搭配、健身，來讓自己看起來更美好、更整潔、更挺拔呀。

你的智力和智商不能改變，但是你可以透過加強學習來拓寬自己的眼界，豐富自己的頭腦。哪怕學得比別人慢點，但是透過努力一樣能學會嘛。

你的脾氣個性不能改變，但是你的語言表達能力是可以透過練習提高的，你的情商和為人處世的方式是可以學習和成長的。

凡事都有兩面性。那些過去的事，那些讓自己備感受傷的事，確實已經不能改變。可是那些傷害過我們的，終將促使我們變得更強大，因為當我們有足夠的勇氣揭開過去的傷疤，面對真實的自己時，我們才懂得如何好好療癒自己的傷口。更何況，即便是你的原生家庭，你也一樣可以跟父母和解，學習做自己的「父母」，重新養育自己、好好愛自己，對不對？

一念之轉，兩種完全不同的人生。

當你完完全全地接納了生命中那些不能改變的，不再跟它們較勁；當你能夠真真切切地看見自己身上的諸多不完美，並嘗試著去改變，去自我完善、自我成長。我相信，這樣的你已經真正懂得什麼是自我接納，你內心的焦慮感也會大大消滅。這個時候，無論是成為更好的自己，還是更好地成為自己，對你來說都不重要了。重要的是，你已經成為自己，並在努力地成為更好的自己！

改變你能改變的，接納你不能改變的。這應該是我們每個人終生學習和思考的課題。真心希望每個人都真正懂得如何去做。

生活本來就沒有標準答案，按照自己的節奏來吧

每個人的人生都有其有限性和侷限性。有限，指的是自己現實的條件不能達到的。而侷限，指的是自己現有的認知不能達到的。

舉個簡單的例子。比如說，你非常渴望嫁給「男神」彭于晏，或許你透過不斷地自我精進、自我提高，不斷地創造機會，有朝一日，你也可能見到你的「男神」，跟他成為朋友甚至嫁給他。雖然這只有億萬分之一的希望，但希望是存在的。不過，就眼下你的條件來說，你肯定是實現不了的。這就是你的有限性。

如果你是為了這億萬分之一的希望而活，還是腳踏實地一點，找到旗鼓相當的男孩子試著交往看看。這就叫認識到自己的有限性。

再比如，你很想拿到投資自主創業，但是你對創業毫無概念，你也不知道目前市場上哪個領域是紅海，哪個是藍海，哪個更有可能被投資市場青睞。這就是你的侷限性。

那麼你現在要做的，不是盲目地為自己打雞血，而是要更腳踏實地一點，先找個工作養活自己，與此同時，提升認知、拓寬眼界、增長才幹、豐富技能，而不是停留在空想裡。這就叫認識到自己的侷限。

能否認識到自己的有限和侷限，在我看來，這是智慧務實者和愚蠢愚昧者之間的本質區別。假如你一直看不到自己的有限和侷限，盲目地陷入跟別人的攀比中——「憑什麼他有我沒有，憑什麼他行我不行。」這樣的你想不焦慮都難！可是賴在地上哭鬧著不肯起來，那是小孩子的做法，是沒用的！你需要做的是，像個成年人那樣掌控自己的生活——擺脫受害者心態，承擔起生活的責任，學會為自己負責，然後去行動，去努力，去為自己創造條件，提升認知和眼界，這才是逆襲的正確姿態。因為，你才是你生活的第一責任人，你才是你人生的第一塑造者。

如果把我們的心靈比作一張地圖，那麼，找出自己能改變的、不能改變的，找到自己的有限和侷限，就等於是為自己的心靈地圖畫好了「經緯線」。如果你在「經緯線」上設立好了關鍵的刻度、核心的座標，你的人生發展路徑就會逐漸地清晰、明朗起來，這樣，你就不會盲目焦慮、盲目攀比、妄自尊大，更不會妄自菲薄了。生活本來就沒有標準答案，按照自己的節奏、步調來！不跟隨，做自己！

幸福筆記

在這裡，我出一個作業給大家。請大家在一張紙上畫出自己的人生經緯線，列出以下四項：

1. 無論你怎麼努力也不能改變的，然後用筆劃掉它。
2. 透過你的努力能夠改變的，畫上紅線，加粗。
3. 哪些是自己現有的條件，找到自己的有限，在後面加個破折號，設定一個夠得著的小目標。比如現在我只有十萬塊存款，暫時買不了房子和車，但二〇二五年我打算存到一百萬。
4. 哪些是自己目前的認知和理解，找到自己的侷限，在後面打問號，過一陣子再來看。比如現在我認為「穩定的工作就是好工作」，問號，真的嗎？然後等五年以後再來看看，你也許會覺得：「天哪，原來穩定的工作是最容易被人工智慧替代的，真可怕。」

試著清晰畫出人生的「經緯線」，你的人生才會越活越清晰，這才叫真正做自己。

Chapter 7

行動力強的人才好命

你可能聽過這樣一則寓言故事：從前，有一隻小狗，牠日日苦思，找不到生存的意義。一天，牠問狗媽媽：「媽媽，媽媽，幸福在哪裡呢？」

「幸福，就在你的尾巴上。」媽媽說。

於是，小狗就開始忙於追逐自己的尾巴，想把幸福握在手心裡，可是卻怎麼追也追不上。

「媽媽，媽媽，我要怎樣才能抓住幸福呢？」

「傻孩子，」狗媽媽輕輕一笑，「抬起頭，向前走，幸福就跟在你身後。」

這則寓言告訴我們這樣一個道理——很多時候，忘我才能夠創造幸福感。

焦慮如我們，其實就像這隻一直在追尋意義的小狗，整天追著目標奔跑，整天為結果擔心、發愁、惶惶不可終日，卻並沒有真正投入其中，也並不真正懂得追求的意義。

不焦慮的生活就是：吃飯時吃飯，睡覺時睡覺

玩過電子遊戲的人一定知道這樣的感受：全心投入，時間彷彿靜止，一切的情感、情緒都在跟著遊戲的發展而起起伏伏，自己彷彿置身於一個真空裡，又彷彿進入了另外一個世界，分不清虛擬與現實，甚至別人喊自己都聽不見……時間一晃就過去了大半天。遊戲為何如此吸引人？因為它創造了沉浸感。

沉浸感就是讓人專注在當前的目標情境下感到愉悅和滿足，而忘記真實世界的感受。它可以幫助我們創造出一個單一的、被隔離的環境。比如，這幾年很流行的「沉浸式戲劇」；再比如，你在電影院剛看完一部引人入勝的電影，當字幕緩緩升起，燈光亮起的時候，你有什麼感覺呢？沒錯，彷彿剛才的電影營造了一個把你跟現實世界隔離開的空間。電影結束，你才又回到了現實世界。

再比如，心理諮詢的過程中，諮詢師與來訪者之間建立的安全關係也可以被認為是

一種沉浸。有很多來訪者走進心理諮詢室以後，會感覺到這是一個非常溫暖、安全、接納他的空間，他在這裡能體會到前所未有的全然放鬆，彷彿把自己和痛苦的現實世界隔離開了。因此，沉浸感是一個可以降噪的真空，容我們留在屬於自己的世界裡。待在這樣的世界裡，我們擁有自己的節奏，好像一切都可以不疾不徐地進行著，而不用擔心自己被外界帶著跑，這樣的我們當然不會焦慮。

從某種程度上說，沉浸感其實就是專注力。

大文豪馬克．吐溫曾說：「只要專注於某一項事業，就一定會做出使自己感到吃驚的成績來。」美國思想家愛默生也曾這樣描述專注對人生的意義：「專注、熱愛，全神貫注於你所期望的事物上，必有收穫。」

什麼是專注力呢？一個著名的禪宗故事也許可以給我們帶來啟發。

小和尚在寺廟修行很長時間，仍不得要領，問老和尚：「師父啊，怎麼修行才最好？」

老和尚回答：「吃飯的時候吃飯，睡覺的時候睡覺，打坐的時候打坐。」

小和尚覺得很奇怪：「我不正是這樣嗎？」

老和尚回答：「你吃飯的時候在想睡覺，睡覺的時候在想打坐，打坐的時候在想吃飯，此不同也。」

很多時候，我們貌似在很認真地忙碌，但其實一切都是那麼地心不在焉。我們吃飯的時候，看手機，滑社群軟體，一頓飯下來，肚子是飽了，但吃了啥，沒注意。好不容易有個時間散散步，可是心裡想著工作，耳朵聽著歌曲，眼睛盯著美女……在當今這個社會，有很多人活得太心不在焉了！

其實，集中精力、心無旁騖地花心思做某一件事情，是一種非常愉快的體驗。而且，因為不用去想太多與當下無關的事情，我們整個人會靜下來，內心一片澄淨，世界一片空白。這樣放鬆的時候，又怎麼可能會焦慮呢？

心理學研究表明：當你全身心投入一項你喜歡的活動時，不可能會產生焦慮情緒的。為什麼呢？因為一旦你專注於整個過程，不受外界的干擾，沒有內心的焦躁，只有踏實的全力以赴，那麼，你會忘記自我，忘記時間的流逝，忘記事情本不易，你的內心不會感覺恐懼，更不會氣餒。與此同時，大腦會產生特殊的 α、β 腦波，讓你進入警覺放鬆的狀態，阻斷你內在的自我批評、猶豫不決或負面的思想。在那種狀態下，你連疼痛都不敏感，更別提焦慮了。

心流狀態是最可控、最值得追尋的幸福感

那對於整天抱著手機滑滑滑，被各種資訊包圍、被媒體製造和販賣的焦慮氛圍所影響的現代人來說，又該如何獲得沉浸感、培養專注力呢？

別急，我這就帶大家一起尋找答案。

其實，專注投入地做一件事情從而獲得愉悅感體驗的狀態，可以看作是一種「心流（Flow）體驗」。什麼是「心流體驗」呢？這是積極心理學領域非常著名的理論。

著名的積極心理學專家、美國芝加哥大學教授米哈里．契克森米哈伊於二十世紀六十年代開始觀察藝術家、棋手、攀岩者及作曲家等，他觀察到，這些人工作時幾乎是全神貫注地投入，經常忘記時間、失去對周圍環境的感知，而且，他們參與的活動都是出於共同的樂趣，他們享受整個活動的過程，不在乎外在的報酬。契克森米哈伊把這種全神貫注、全心投入於某種活動，並享受其中，從而獲得高度興奮感和充實感的忘我感覺稱為

「心流體驗」。他認為這是一種最佳的體驗，認為它是人們獲得幸福、平靜，袪除焦慮感的一種可能途徑。

這讓我想起了日本的壽司之神小野二郎。小野大師專注做壽司六十載，不僅選用最好的食材，還特別關注食材的處理。比如，章魚至少要按摩四十分鐘才能上桌，米飯的溫度和人體溫度保持一致……他努力的目標就是，讓食物以最佳的狀態、最美味的理想時刻呈現在食客面前。他說：「我一直重複同樣的事情以求精進，總是嚮往能夠有所進步，努力達到巔峰，但沒人知道巔峰在哪兒。我依然不認為自己已經足夠完善，我愛自己的工作，一生投入其中。」

這就是契克森米哈伊描述的人們進入心流時的狀態吧——「你感覺自己完完全全在為這件事情本身而努力，就連自身也都因此顯得很遙遠。時光飛逝。你覺得自己的每一個動作、想法都如行雲流水一般發生、發展。你覺得自己全神貫注，所有的能力被發揮到極致。」

專注而全心地投入到自己所熱愛的工作中，給小野二郎帶來了最幸福的人生體驗——心流。

反觀我們現代人，整天都在講慢生活，講靜達雅，宣導修養心性，卻並沒有真正享受到靜達雅，活出人生的愜意與美好。為什麼？因為我們沒有獲得這種心流體驗的能力，所以一切都是空談。我想，這也是現代人越來越沒辦法專注於當下，活得越來越焦慮、越來越沒耐心的原因吧。

文章太長，我們沒耐心看，看看標題就丟一邊，於是催生出了太多的標題黨；影片音訊最好三分鐘內能看完、聽完，如果能像抖音那樣十五秒完事那更好，於是短影片越來越流行，有深度的內容無人問津；而年輕人離職的間隔時間變得越來越短，不斷地離職跳槽幾乎成了他們的生活方式，對工作、對專業都不再專注，對任何一家公司都不再有忠誠度。因此，現代人想要在工作中獲得「心流體驗」也變得越來越難。

對待感情呢？閃婚、閃離、劈腿、婚外情，或者乾脆懶得結婚也懶得戀愛。我們現代人活得太忙了，能拿走我們注意力的人和事真的太多了，我們全心投入某一段關係的體驗也變得越來越少、越來越困難。碎片化的資訊、碎片化的知識、碎片化的時間將我們的注意力全部打散成碎片，因此焦慮得以瘋狂滋生和蔓延。

可以說，心流狀態是最可控、最值得追尋的幸福感。嘗試著找回我們的心流體驗，不僅能大大緩解我們的焦慮，而且還能活出人生的適意和滿足。

做自己真心喜歡的事情，更容易獲得心流體驗

我之所以說是找回心流體驗，是因為其實每個人在孩童時期，都擁有心流的能力。比如，我們廢寢忘食地跟朋友玩遊戲或是看動畫片的時候，我們全心投入到連媽媽喊回家吃飯都聽不見。

心流能夠帶給人們積極的情緒體驗，這毋庸置疑。心理學研究表明：處於心流中時，人們會因為接受了挑戰、發展了新技能而感到力所能及，這種感覺棒極了！這不僅讓人們獲得了掌控感，從而緩解焦慮，同時提升了人們的自尊感，促使他們更願意學習、表現得更好。而且，工作時專心致志，置心一處時那種渾然忘我的感覺，能讓人更高效地完成自己的工作，還能夠促進同事之間的關係。

心流帶來的積極作用太多了！接下來，我帶大家一起來學習如何重新找回「心流體驗」：

第一步，找到你內在真正有動力、想要去挑戰的事，也就是你真正感興趣的事去做。

契克森米哈伊在他的著作《生命的心流》這本書中舉了這樣一個例子：他說：「假如有一個厭惡數學的學生，你想讓他定下心來讀微積分，這恐怕相當困難。除非動機格外強烈，比如為了通過考試，否則是做不來的。一般來說，心裡越掙扎，就會越難以集中注意力。但是假如非常熱衷於此事，又動機十足，那麼縱然有萬般困難，或者是非常棘手，也能夠輕而易舉地達到全神貫注的境界。」

因此，你要找到你的動機，而且最好不僅僅有外部動機，還要有內部動機。

比如說，你很勤奮地工作，外在動力是你想多賺點錢買車、買房，實現經濟和人格的自由獨立。在這個基礎上，你還非常熱愛這份工作，每天一上班或者工作一上手就精神滿滿、活力四射。那麼恭喜你，你的內在動力和外在動力都很強，在工作中獲得心流體驗的幸福感，對你來說就是一件很容易的事。

遺憾的是，生活中有很多朋友可能在第一步就卡住了：活了這麼多年，我的問題不是無法專注，而是根本不知道自己到底對什麼感興趣，這該怎麼辦？

答案也非常直接和簡單：別懶，趕緊動起來，你要去嘗試更多的事情，就像你面前有一大盤各式各樣的水果，你不親自拿起來逐個嚐一嚐，只是站在那裡問別人：「嘿，你說我到底會喜歡吃哪一個?」拜託，找到自己的興趣這件事，別人怎麼幫你?!不能一邊又懶又不肯行動，一邊卻在不斷地抱怨找不到人生的興趣和熱愛的事。不多嘗試，神也幫不了你!

第二步，你要有對「挑戰的難度」與「自己技能的掌握程度」進行客觀評估和調整的能力。

比如，你想贏得公司一位男神的青睞，可是你的外形、學識、能力跟他的差距太大了，怎麼辦?趕緊學習、成長、變美、自我提升啊!愛本來就是一種積極的能量，這樣，你不僅有可能贏得他，還能贏得一個更好的自己!

所謂的心流狀態，就是挑戰和技能相匹配的最佳狀態。所以當你發現一件事情充滿挑戰，自己卻心有餘而力不足時，應當及時學習新的技能以應對挑戰。相反的，當挑戰一件事情讓你感覺遊刃有餘時，你可以適當增加難度，這樣也能夠幫助你更好地進入心流的狀態。

第三步，設立明確而具體的目標，並主動尋找回饋。

比如，如果你給自己設定的目標是這輩子要賺夠一個億，那我會直接告訴你，沒戲。因為目標太大、太空、太不具體了！如果你的目標是，明年我要讓銀行存款多出一百萬，意味著我每個月要存進去至少約八萬四千元，如果我現在的薪資是每個月五萬塊，那麼我可能需要透過學習新技能換一個月薪十萬的工作，或者是找一份每月能賺五萬多塊的兼職，這樣我就有可能實現目標了。然後，每個月只要自己往銀行帳戶裡存了八萬四千元，就小小獎勵一下自己，去看場電影，做個 SPA 或者來一次短途旅行，總之，要經常性地給自己積極的回饋。這就叫作目標明確，及時回饋。

當目標越明確時，我們對於自己能否勝任這件事就越有把握，也越能夠專注地努力，而不會左顧右盼、猶豫拖延。而尋找回饋，能夠幫助我們根據回饋及時做出調整，避免反覆碰壁而消耗熱情與精力。

除此之外，你還要學會主動減少外界的干擾，比如，當你在聽培訓課的時候，還不停地回訊息、逛網拍，那怎麼行呢？在你準備開始投入任何一件事之前，你需要瞭解哪些因素容易對自己造成干擾，並提前阻止它。

找到自己這一生的熱愛，忘我、全心地投入，我覺得是人生中最重要的事情。願你我都能活出這樣的美好！

敢於嘗試，敢於冒險，敢於探索新世界的女性，都心有猛虎，又能細嗅薔薇。這樣的女人，何懼焦慮？又怎麼可能陷入焦慮？

人有「外貌」，也有「內貌」

著名作家周國平在他的《碎句與短章》中說：「最優秀的男女都是雌雄同體的。」怎麼理解這句話呢？意思是每個女人心裡都住著一個男人嗎？

「阿尼瑪」與「阿尼瑪斯」是瑞士心理學家榮格提出的兩種重要的心理原型。阿尼瑪原型指的是男性心中的女性意象，或者說是男人心裡女性化的那一面；阿尼瑪斯則為女性心中的男性意象，也可以說是女性心裡男性化的那一面。在榮格看來，人有「外貌」，也有「內貌」。外貌也叫「人格面具」，指的是一個人公開展示給別人看的那一面，是世人所見的外部形象，比方說從外表看你是個男人或者是個女人。與之相對應的，男性心中的「阿尼瑪」與女性心中的「阿尼瑪斯」則可看作是個人的內部形象，即「內貌」。

就如同女人的身體裡有雄性激素，男人有雌性激素一樣，我們的心理也是如此，每個人都有異性化的那一面。要不怎麼會有感情不順的「女漢子們」自嘲說：「本來想找一個大哥一樣的男人，結果自己活成了女人的大哥。」

一提到男性化傾向，我們想到的肯定是這樣一些詞：勇敢、果斷、堅強、義氣、沉穩、負責……其實，我們女性如果發掘自己內在的男性化氣質，那麼在處理和管理情緒以及發展自己方面，是非常受益的。

確實，現實中所有優秀女性都是雌雄同體的——她們兼具男人的堅毅和理性、女人的細膩和柔情。古有寫出「生當作人傑，死亦為鬼雄。至今思項羽，不肯過江東」的宋代女詞人李清照，比丈夫趙明誠還豪情、堅韌、剛強；被後世稱為「巾幗宰相」的上官婉兒，憑過人的才情馳騁官場，權傾朝野，殺伐決斷，絲毫不輸男人。今有眼界開闊、格局廣大、尊卑自如的楊絳先生；自豪地說「是我今天特地抽空陪他來買菜」的李安老婆林惠嘉等。她們有溫度，卻又不失智慧；有力量，卻又不失溫柔，知世故，卻不隨波逐流。

行動力強的人才好命！

有一次，我採訪一位知名女作家。我問她：「假如時光能夠倒流，你會給二十歲時的自己哪些忠告呢？」她說：「我會告訴那時的自己：女孩，別把更多的精力花在處理情緒上，要去行動。」

女人為什麼會容易情緒化呢？腦科學家們透過核磁共振等方式對男女的大腦結構進行分析後得出結論：女性比男性更容易啟動大腦中的杏仁體而對消極情緒做出反應。

杏仁體也被稱作原生恐懼中心，是用來處理情感記憶的。對女性來說，每一次激發杏仁體活力的消極情緒，都會在她的情感記憶裡留下不舒服的痕跡。在往後的生活中，每當有類似的情境出現，女性會馬上調動自己的情緒記憶，很容易就陷入焦慮、擔心、害怕、沮喪和憤怒的情緒裡，即使所謂的壞事還沒有發生。女人將之稱為「第六感」，但其實是她們的情感記憶被觸發了而已。

因此，每當壓力來臨，女人們都先忙著去處理情緒了，大量的「唉呀，憑什麼，這不公平，我委屈，我憤怒！」如潮水般將自己圍裹了起來。然而，事情依然擺在那裡，並沒有因為女人情緒爆發而得到解決，局面反而變得更加糟糕了。

這個時候，男人通常會怎麼做呢？他們當然也有情緒，但他們不敏感於此，更不會耽擱於此，相反，他們的大腦會對事情的結果做出回饋，當下考慮的不是「憑什麼」，而是「怎麼辦」，因此，他們會迅速讓自己冷靜下來，讓自己行動起來，著手先把問題解決掉，再來處理情緒的問題。

反觀我們女性，各種各樣的情緒太過豐富，行動力卻不強，因為停留於指責、抱怨等負面情緒，當然要比行動起來解決問題容易得多。

當你在為男朋友昨天一直不回訊息而生氣、焦慮的時候，也許身邊某個你們成天嘲笑的胖女孩正在努力、堅持不懈地完善自己、提升自己，一年堅持下來，她瘦了十五公斤，同時還順利地晉升為公司最年輕的高階主管，成為更美好的自己，她強大的行動力也讓老闆對她刮目相看。

成為哪種女人會更有魅力呢？當然是後者！人們常說，「愛笑的女人才好命」，其實，在我看來，行動力強的女人才好命。

好的人生，從來都是敢於走出舒適圈

美國《大西洋月刊》曾經發表過一篇專門討論關於男女自信的落差的文章。文中提道：「大量的研究資料表明，女性沒有男性自信，但就成功者的素質來說，自信和能力一樣重要。可是，女性在心理上有一場特殊的危機，便是沒自信。」

美國加州大學社會心理學家布蘭達．梅傑曾經做過這樣一項測試：她讓男性和女性面對同樣的任務，並列出自己認為能完成多少任務。測試的結果表明，大部分男性都認為自己能夠完成，而大部分女性選擇了「完成不了」，但其實被測試者的能力是差不多的。

女性的沒自信其實反映在很多事情上，比如，面對選擇時不敢做決定，面對挑戰時逃避，面對機會時白白錯過，而這背後有一個共同的心理特質——不敢冒險。

沒自信是導致焦慮的直接根源。那自信從哪來呢？一個人的自信並非只來自別人怎麼看自己、別人是不是認同自己、有沒有對自己大加讚賞。對孩子來說，並不是父母每天說：「寶貝，你是最棒的！」他就真覺得自己是最棒的，這樣的家長只是讓他感受到溫暖、讚賞、支持，創造了有利於他的自信心生長的環境罷了。

心理學研究表明，一個人真正的自信源於兩方面：一是那些有把握的事情，我們叫它「經驗」。另一個是那些沒把握的事情，我們叫它「挑戰」。而隨著一個人人生經驗的累積，只有多去嘗試冒險的事情，而不是一直待在舒適圈重複有把握的事情，自信心才會逐步增強。要知道，自信雖然是一種相對穩定的人格特質，但它也會隨著生活境遇的改變而不斷變化。自信這傢伙，你不努力培養它，它就有可能衰弱。有時候，年齡越大，自信心反而越衰弱。

但對大多數女性，尤其是有了孩子以後，跳出舒適圈是非常困難的，她們本能地願意待在更安全、更熟悉的環境裡。這也就意味著，她們喪失了對未知和新鮮事物的好奇心，喪失了冒險的勇氣，久而久之，面對變化，她們就會越來越焦慮，越來越沒自信。

在我看來，敢於嘗試，敢於冒險，敢於探索新世界的女性，既能心有猛虎，又能細嗅薔薇。這樣的女人，何懼焦慮？又怎麼可能陷入焦慮？

康乃爾大學的心理學家大衛．鄧寧曾經在一門很難通過的博士生課程上發現了這樣一個心理現象：當考試考不過時，男生的反應是「這門課真的太難了！」這是一種向外歸因。而大多數女生的反應卻是向內歸因，找自己的錯，得出的結論是「還是我沒學好」。

女性的這種「都是因為我不夠好」的心理，會讓她們在面對金錢、自由和權力時表現出強烈的自我否定——一邊是自己內心切切實實的渴望，一邊卻在拚命地壓抑渴望。她們內心深處總有一個聲音在對自己說：「我還不夠好，所以我不配賺到這麼多錢，不配享有高度的自由，不配擁有更高的權力和職位。等我變得完美了，這一切我才敢去爭取。」這種不配得感會讓女性完全壓抑自己的野心，變得毫無競爭力。

心理學研究表明，在學校裡，乖乖女更容易得到老師的表揚，因為她們很配合、很順從，不會為管理帶來難題。但事實上，乖乖女進入社會之後，相比機靈、調皮、敢為自己爭取的女生，她們的社會適應能力要差很多，而且，由於常常自我壓抑，她們也更容易患憂鬱症。

在學校裡，乖乖女們常以自己優異的學習成績和討人喜歡的個性贏得機會，於是她們進入職場之後依然還是埋頭苦幹型，認為是金子總會發光，於是等著別人發現，等著機會降臨。殊不知，人生的遊戲規則早已經變了。職場跟學校不一樣，職場更青睞那些大方展露野心的人，你要先勇於表達自己「想要」，機會才會分配給你讓你試一試。試想，哪位老闆會把機會給那些看起來很佛系、從不表達自己、從未表現出渴望機會的人呢？

金錢、自由、權力的背後，其實代表著一種強烈的白我認知——我是不是值得得到更好、更多？我來幫大家回答吧——「是的，你值得擁有更好的人生。」

所以，大方說出你想要的吧，這樣你才有機會得到自己想要的！把野心寫在臉上，不壓制，不羞澀。這樣的女性，我很欣賞！

有一種教養叫——不含敵意的堅決

其實，男性身上有很多亮點，值得我們女人好好學一學。比如說，攻擊性。人人都有攻擊性，它跟我們的性格沒什麼關係，只是每個人表達攻擊性的方式不同。一般來說，攻擊性具體可以分為三種：

第一，向外的攻擊性，表現為強勢、有力量感和殺傷力，甚至暴力行為。例如打架、吵架、刀子嘴等，其中，性行為中也蘊含著攻擊性。

第二，向內的攻擊性，表現為內疚、自責、自我懷疑、自我貶低、自我憎惡，這是更加糟糕的表達方式，也是造成憂鬱症的直接心理原因。

還有一種攻擊性常常表現在關係中，叫作「被動攻擊」，他們的內心充滿憤怒和不滿，但又不直接將負面情緒表現出來，而是表面服從，暗地裡卻敷衍、拖延、不予以合作、私下抱怨。例如，有話不好好說，冷嘲熱諷，夾槍帶棒；或者絮絮叨叨，總是抱怨；

或者表現得冷漠、被動、拖延、不配合。內心的真實感受從不表達，甚至故意說反話，用以上的方式激怒對方，而自己卻表現出無辜和委屈。

在以上三種表達攻擊性的方式中，男性傾向於使用第一種，而女性則慣常於使用第二種和第三種。

那麼，女性要如何向男性學習攻擊性的正確表達呢？以理性的、平和的態度說出你的不滿，不故意製造衝突，但又不刻意迴避衝突。

說得通俗一點，就是沒事不找事，有事不怕事。

如何理性地表達不滿？心理學家科胡特給出了非常棒的答案——「不含敵意的堅決」。我不同意你，我堅持我的，但是我不貶低你、不挫傷你、不對你進行任何形式的攻擊，我只是不同意你——比如，你言語上冒犯了我，我告訴你你不可以這樣做，但我並沒有攻擊你，我只是堅持自己的態度，你不可以這樣，你也不可以再有下一次。

錯誤的方式是什麼呢？要嘛是，我心裡積著對你的不滿，但我不說，因為怕說出來傷了和氣，可是自己卻憋出了內傷，覺得自己真孬，好欺負；要嘛是，我積著心裡的不滿，當下不說，以後再遇到合作，我故意拖延，不配合你，或者我酸溜溜地刺激你。這兩種攻擊性的表達方式都是病態的，只會增加我們的內耗，對我們的心理健康、人際關係和事業成就都極為不利。

所以，我們要像個男人一樣，勇敢而又及時地表達你的不滿和憤怒，表達你的攻擊性，但我們表達的方式可以不像男人那樣粗暴，只需做到「不含敵意的堅決」就夠了。

幸福筆記

找到自己這一生的熱愛，忘我、全心地投入，一旦你專注於整個過程，不受外界的干擾，沒有內心的焦躁，只有踏實的全力以赴，那麼，你會忘記自我，忘記時間的流逝，忘記事情有多麼艱難，你的內心不會感覺恐懼，更不會氣餒。

Chapter 8

如何擁有完美的親密關係

每一次辦心理學的大型公開課、演講和培訓，我都會講到一句話：「所有的人際關係都是互動的結果，一定是你做了什麼或者沒做什麼，你們的關係才成了今天的樣子。請記住，沒做也是『做了』，你做的事就是你啥也沒做。」這句話的原創並不是我，是我的德國心理學教授說的——在關係中，有時候是做錯，有時候你的不作為也是錯。這句話用來詮釋關係非常精妙，可以說有著醍醐灌頂的功效。

心理學家約翰·哥特曼有一個愛情實驗室，經實驗研究，他發現，只要花十五分鐘時間去觀察一個房間中一對情侶獨處時的對話模式，就可以判斷他們會不會在未來四年內離婚，這個判斷的正確率在八十五%以上。

其實，這個研究結論最大的判斷依據就是觀察男女溝通時相互的感覺，即談話態度、身體姿勢、兩人之間的距離、臉部表情、聲音高低等，正是這些談話內容之外的表情、動作折射出了伴侶間未來關係的走向。由此，研究給出了四種破壞親密關係的消極模式——防衛、批評、築牆、蔑視。

好的婚姻、好的關係，不是某一個人的事

有一個非常有趣的、具象的人際關係互動模型，叫雙人舞效應。

什麼是雙人舞效應？我覺得，李安及夫人林惠嘉之間的互動和相處就很好地詮釋了「雙人舞效應」。

在自傳《十年一覺電影夢》裡，李安開玩笑地說道：「我想我如果有日本丈夫的氣節的話，早該切腹自殺了。」他為什麼如此感慨呢？因為畢業快六年，他一事無成，窩在家裡當起了家庭煮夫，每天做做飯、帶帶孩子，一邊寫劇本，一邊等老婆回家。全靠妻子林惠嘉賺錢養家糊口。

當時，李安對自己也產生了懷疑，悄悄開始攻讀電腦課程，想轉行找工作。

林惠嘉知道以後，大罵：「做電腦的人那麼多，不缺你一個。你還是專心搞你的電影吧。」

後來，李安拍出了《推手》、《喜宴》、《飲食男女》、《阿凡達》等觸動人心的經典影片，成了聞名世界的大導演，獲得兩次奧斯卡最佳導演獎、兩次金球獎最佳導演、兩個威尼斯電影節金獅獎、兩個柏林電影節金熊獎。

李安能有如此成就，當然離不開「背後女人」林惠嘉的全力支持。

李安和林惠嘉，一個精神強大，獨立又有主見，懂得理解珍視並全力支持老公的理想和追求。一個溫柔細膩，有理想和責任感，可剛可柔，樂於分擔家庭生活的另一種責任，但也從未放棄他的鬥志。

這就是「雙人舞效應」。好的婚姻、好的關係就像跳雙人舞，不是其中某一個人的事，它需要兩個人有默契地配合，一起好好地經營——你進的時候我退，我退的時候你進，能充分考慮、理解對方的感受，相互扶持、共同成長、彼此成就。

他們變成今天這樣，一定有你的一份功勞

關係出了問題，通常會出現兩種心理現象：

第一種，也是最常見的——我們認為這一切都是別人的錯。比如受害者情結，我們會覺得「我現在的不好，都是你害的」。即便情節沒有那麼嚴重，但我們通常都會將關係處理得不夠好歸咎為遇人不淑。

例如，老公出軌了，都怪我遇到渣男，我倒楣遇到小三。於是越來越委屈，越來越憤怒，恨不得將這對狗男女昭告天下，恨不能讓全世界審判他們，恨不能殺了他們！可是我們或許很少去想——相遇之初，他也曾體貼、顧家、懂得珍惜，所以我們才放心地把自己的一輩子交付於他。如今的他又是怎麼變成渣男的呢？這中間自己有沒有責任？即便他天生渣男，那自己是不是也有辨人、識人不清的責任呢？能夠這樣理性、真誠地面對並處理好丈夫出軌問題的女性，最終有可能挽救婚姻，因為她們懂得從自身尋找問題，懂得

自我反思。要知道，當初值得託付一輩子的老公會變成今天這樣，作為妻子的，一定有一份「功勞」！

好的伴侶都是精心培養、調教出來的。他們變成今天這樣，一定有你的一部分原因。如果你希望他變得更好，那就從自我覺察、自我改變開始吧。

再比如，工作、讀書出了問題，我們的習慣性思維是——都是別人的錯。我成績不好，是因為這屆老師水準不行，老師沒把我教好；我工作做得不好，是因為我老闆討人厭呀，我一看到他就煩，又怎麼能好好工作？同事一個比一個算計、矯情，大家的注意力都不在工作上，在這樣的環境裡，我還怎麼好好工作呀！

我們可以想見的是，能夠在學習、工作中做出成績的人，都不是持有這種心態的人。持有這種「一切都是別人的錯」的觀念，你的事業永遠不會成功、情感永遠不會幸福。因為，你不肯為自己負責，你的一切都要別人來負責。這樣的你，思考問題就像沒斷奶的孩童，完全無法對自己的人生負起責任！

著名作家周國平曾說：「我們活在世上，不免要承擔各種責任，小至對家庭、親戚、朋友，對自己的職務，大至對國家和社會。這些責任多半是應該承擔的。不過，我們不要忘記，除此之外，我們還有一項根本的責任，便是對自己的人生負責。」

能對自己的人生負起責任，這是一個人成熟的標誌。一個人也只有肩負起讓自己快樂、幸福的責任，才有可能得到真正的快樂、幸福！

當關係出問題的時候，理智的態度是——「這件事，我也有責任」。能夠認清「在這個糟糕的關係中，我也沒帶來好的影響」這一點的人，就很清楚理解了人際關係中的「雙人舞效應」，心態上也相對成熟了。什麼是「雙人舞效應」呢？顧名思義，就是在關係中能夠自如地掌握進退的距離，所有行為的出發點都是以關係為考量，為的是讓關係和諧美妙地維持下去，更在意兩人關係的和諧程度，而不是完全以「我」的感受為中心。

一段關係中，如果「我」加「你」並不等於「我們」，我還是我，你還是你，那麼無論是誰，都可以取代關係中的任何一方。只有「我」中有「你」，「你」中有「我」，彼此的舞步是進還是退都根據對方的進退來衡量，生活上彼此交融、彼此成就，精神上彼此共情、彼此扶持，那麼我想，世間應該沒有比這更牢固、穩定、和諧、幸福的關係了。

很多時候，「我」甚至會為了「我們」做出犧牲和讓步，有時候，關係的維持也的確需要我們這麼做，但我們都不會因為這點犧牲和讓步就感到任何的壓抑和委屈。我們會理智地認為，這樣做是為了讓關係更好，所以沒什麼好委屈和抱怨的。如果兩個人都持有這樣的心態，那這樣的關係才能稱之為「我們」。

「雙人舞效應」雖好，但並非人人適用

在這裡，我要特別說明的是，對那些自我價值感低、喜歡推卸責任、內在人格沒有充分成長的人，「雙人舞效應」是沒用的。一個人若在成長過程中未能建立起充分的自我價值，他的行為表現就會像一個長不大的孩子那樣。例如，他內心對自己的評價和自信心的分數是不及格的，他會用兩種心態表現：第一種是，不能讓別人知道自己內心對自己的評價是不及格的，於是處處爭強好勝、注重面子、與代表權力的人作對、任意妄為、不顧他人，藉以表現出自己其實很棒。第二種是，因為自我價值感低，於是處處退縮，怕承擔責任，不肯認錯。一切都是別人的錯，因為他自我評價的分數已經很低了，不肯再減分。

這種內在沒有充分成長的人，在關係中會存在兩大致命傷：

第一是託付心態，也就是很多女性都會有的「你娶了我，你就要對我的一切負責」；第二種是「不肯分享內心的感受，不肯暴露脆弱」。

對於這樣的人，你跟他分享「雙人舞效應」，對他是沒有幫助的，因為他的內心並不是真的想要改變。這世上有用的事物所能幫助到的，也只有那些願意接受幫助的人，我們不可能去叫醒一個裝睡的人。即便他想要改變，他也需要先解決如何提升自我價值感的問題。

一個人只有自我價值感提升了，能夠像成年人那樣理性、客觀地看待發生在自己身上的所有「別人的錯」了，那麼「雙人舞效應」才能對他發揮作用。

人生啊，有時候要做引領者，有時候要做追隨者

就如同我們在舞池裡跳舞，為了避免踩到別人，跳舞之前我們要先學會舞步一樣，要想跳好「雙人舞」，我們也得先熟悉、掌握正確的舞步。在這裡，我就當一回「舞蹈教練」，教大家如何跳好這「雙人舞」吧。

我們先來看第一個舞步：有時候做引領者，有時候做追隨者。

曾經有一位知名女星在一個廣告中講過這樣一句口號：「不跟隨，做自己！」這句話聽起來非常熱血，很酷、很有個性、很符合時代潮流。其實，在自我成長方面，這句話也是一種非常棒的心理暗示——你要跟隨自己的心。

但是，這句話如果用在關係中，一個從不跟隨、只是引領的人，會將關係帶入災難。

比如，一個在家裡永遠都非常強勢、說一不二的妻子，家裡的規矩由她來定，財政大權由她掌握，甚至她的情緒還決定著全家人的情緒走向——她心情好，家裡就放晴；她

心情不好，家裡就低氣壓；她要是大發雷霆，家裡就是地震和海嘯的現場。這樣的女人的人生字典裡，根本不存在「配合、妥協、顧及別人感受」這些詞。可以想見，她丈夫的感受會好到哪裡去？

再比如，在工作中，如果一個人只習慣於向別人發號施令，只願意做帶領者角色，從來不懂得配合別人，他跟同事之間又何來「合作」一說？

所以，假如你想讓某一段關係發展順利，祕訣就是，你要像兩個人在跳雙人舞時那樣，有時引領，舞步和節奏你來帶，有時也要懂得跟隨，把自己放心地交給對方，放鬆又愜意地享受他帶著你旋轉、跳躍。你閉上眼睛想像一下，偌大的舞池裡，你跟他翩翩起舞，一會兒你胳膊臂膀撐起來，帶領他旋轉；一會兒你放鬆下來，讓他帶領你淩空跳躍，這樣的互動是不是很美妙？

那麼反過來，如果整場舞跳下來一直都是你在領舞會怎麼樣呢？你會把自己累死，對方還不買帳，對不對？為什麼呢？原因很簡單，誰願意一輩子當個「配角」，完完全全地配合你，你說去哪就去哪，永遠做你的提線木偶呢？當你不給別人閃閃發光的權利，聚光燈都得打在你身上，那麼你再一心一意為別人好，再鞠躬盡瘁，也沒人會喜歡你、感激你。

無論向前一步還是後退一步，都是智慧

我是一名家庭治療學派心理諮詢師，同時也是一名舞動治療師。什麼是「舞動治療師」呢？就是讓來訪者融入一個團體中，大家一起用舞蹈和動作的方式紓解內心的壓力，透過一個又一個人際關係的互動模式，來看清楚自己存在的問題。

每次在帶領舞動團體工作坊時，我都會看到這樣一種人：身體僵硬、脖頸很直，整個人站得直挺挺的。音樂一響起，他的第一個動作一定是向前邁步，特別有意思。因為這是他最為習慣的姿勢——只會往前，不會後退。對這樣的人來說，後退意味著失敗、意味著失控、意味著認輸。他接受過的所有教育都告訴他「只能前進，不能後退」，於是他活得像一個直挺挺的戰士一般，全身緊繃，時刻不敢放鬆，隨時等待上戰場。

這樣的人在關係中是什麼樣子呢？

首先，他是看不見自己的，他看不見自己的需要、自己的疼痛、自己的傷口、自己的脆弱，一直向前、身體僵直緊張放鬆不下來的姿勢，讓他彷彿為自己穿上了一件鎧甲，外表堅硬，內心其實脆弱無比。

其次，他看不見自己，當然也就看不見別人，因為他怎麼對自己，就會怎麼對別人，尤其是那些跟他關係親密的人，他把對方看成了自己的一部分延伸，他都感覺不到自己疼，對那些被他劃歸到「自己人」這個圈子裡的人所經歷的疼痛，他當然也無感，他甚至會覺得別人所有的脆弱都是做作，是想太多，睡一覺就好了。這樣的人就是非常典型的只對外人好，對自己人很冷血、冷漠。他的身體和思維都硬得跟石頭似的，他也看不見自己的情緒正存在的問題，直到有一天，憂鬱症或者是身體上的疾病找上門來……因為我們都知道，身體保持柔軟的狀態才不容易生病。比如瑜伽，其實就是發揮讓身體柔軟的作用，以達到強身健體的目的。

我們還是閉上眼睛來想像一下兩個人跳雙人舞的畫面吧，一個人一直向前向前，一個人一直後退後退，這樣的舞步是不是很難看？即便是跳探戈，也有回頭和轉身呀。這樣一個人永遠在前進、對方永遠在後退的舞步，兩個人是堅持不了多久的。

所以，大家發現了沒？關係之所以變壞、變糟糕，人多是因為「舞姿」不對，要嘛是只有一方得到滿足，另一方一直沒被滿足，時間長了，一方不玩了！要嘛就是兩個人都誤解了對方的需要，一直給對方他不需要的，因此舞步長期不協調，也不知道怎麼溝通讓舞步協調起來，兩個人都是又累又不爽，索性放各自一條生路吧，自己跳也比兩個人硬綁綁地跳要好得多。

我們常用「懂得進退」來形容那些舉止得體的人，其實在人際關係的處理中，這也是需要學習的智慧：正所謂「退一步海闊天空」，有時候，我們確實需要學著後退一步，你不能一直前進，一直碾壓著別人；而有時我們則需要學習如何向前一步，學會勇敢地表達自己的主張和意願，而不是躲在角落裡獨自委屈。

無論是向前一步還是後退一步，都是智慧。

人們常說婚姻是妥協的藝術，其實，在我看來，婚姻既是引領的藝術，也是跟隨的藝術；既是向前一步的藝術，也是後退一步的藝術。而且這個規則適用於所有的人際關係。個中的邊界和尺度以及該如何平衡，得我們自己琢磨，多加練習，這就跟跳舞一樣，不練怎麼會跳呢？練得多了，我們才能心領神會。

接下來，我出一個小作業給大家：請找出你在人際關係中最需要妥協的一件事，並仔細找出「自己之前為什麼就是不肯讓」的原因。請注意，是關係的妥協，不是利益和權益的妥協。試試看吧？

你愛不愛自己，你的性愛知道

性愛本身就是一種讓身體放鬆、思想放空的身體活動，兩人肌膚相親的溫暖，兩顆心緊緊相連的親密，激情之後相擁而眠的放鬆與安寧，都讓性愛發揮了很好的緩解焦慮的作用，有時候甚至比單純的身體運動訓練還有效，因為性愛是對身體和心靈的雙重放鬆。

提到「性」這個字，你首先想到的是什麼呢？是好骯髒、好下流、好羞恥、好丟人……還是性愛是人類生活的必需，它就像吃飯和睡覺一樣正常？

以前我在中央人民廣播電臺做深夜情感節目時，節目中有一個片頭收錄了中國著名心理學專家賈曉明在談到性愛時非常經典的一句論述：「你怎麼看待性，你就是怎麼看待人。」在這裡，我再補充一句：你怎麼看待性，也代表著你怎麼看待你自己。

古人云「食色性也」，這裡的「色」指的是性，性指的是性情。可見，在某些觀念上，古人反而比我們現代人更加通透，他們把性愛看得跟吃飯一樣重要，也一樣平常。

這句話同時也說明了，性和食反映著一個人的品性。

運動是能緩解焦慮的，這很好理解。比如，漸進式肌肉放鬆訓練可以幫助你再次獲得身體的放鬆，深呼吸和腹式呼吸也是一種在緊張場合放鬆身體的策略——保持你的肩膀自然下垂並放鬆，試著深深吸氣至你的胃部，讓你的腹部，而不是你的胸，像吸氣時一樣吐氣。這也會讓你緩解焦慮。還有有氧運動，心理學研究表明，運動二十分鐘以上可以有效緩解焦慮症狀。

如果你是個容易感到焦慮的人，那麼你就要開始學會對你的身體有所瞭解，學會透過愛護自己的身體來改善焦慮情緒。當焦慮問題引起肌肉緊張時，知道怎麼放鬆你的身體，也是焦慮自救的必修課。

查閱關於性愛的相關資料時，我發現一個有趣的現象：中國大多數關於性愛的文章雖然會提到性愛的好處，可是結尾都忘不了加上一句：雖然性愛有諸多好處，但我們也要避免過度性愛對身體造成的傷害。

這兩句話聽起來都沒有問題：性愛是有好處的，但是不可以過度。但放在一起說，其實對我們正確看待性沒有任何好處。這句話就好比，談到賺錢這件事的時候，前半部分在非常勵志地鼓勵大家要努力賺錢，爭取財富自由，改善生活，自力更生，給家人更多的照顧，後面話鋒一轉，馬上開始像個老太太一般操心起來：可是人也不能沉迷於賺錢，不能滿腦子都是錢，不能只為了錢活著。

誰說我們努力賺錢、好好工作，就等於為了錢活著呢？這明明是兩件事，是兩個不同層面的話題，放在一起來說，關於「要好好賺錢」的激勵就顯得很沒誠意，而「別只為了錢活著」透露出的是內心對談錢這件事的極大恐懼。

我常常認為，我們判斷一個人的人品到底如何，他是不是心理健康、人格健全，只要跟他大大方方地談談錢和性，就一目了然了。

這跟我們華人對性的普遍恐懼是同一個道理，一開始談性愛的好處，要先上緊箍咒——「可不能過度性愛喲」，這背後便是我們文化中對性的禁忌、對性的集體羞恥感在作祟。因此，在這裡，我們做一個約定：在我們所有談到性愛的話題中，請你卸下對它的偏見。

你有多久沒有被溫柔地觸碰過了？

性愛對身體的好處實在太多。

有心臟病專家對一百三十一名男子進行觀察，發現他們在心臟病發作前，有近三分之二的人受到性生活障礙的困擾，而擁有和諧性生活的夫妻，發生心臟病的概率比常人降低至少十％。

沒錯，美好的性生活可以充分地調動我們的骨盆、四肢、關節、肌肉、脊柱，促進血液循環，增強心臟功能和肺活量；性愛中的肌膚摩擦可增加皮膚的活力，讓皮膚變得光潔細嫩；性生活還可以使腎上腺素均衡分泌，肌肉不斷地收縮、放鬆，形成良性循環，使免疫系統保持在較好的狀態；性愛還能促進人體新陳代謝，使人精神抖擻、神采奕奕……

女性比男性更容易失眠，有相當一部分原因是性生活不和諧，性欲沒能得到充分的滿足和釋放。性欲得到了充分的滿足，人才更容易入睡。當我們經歷了一次和諧、美好、暢快淋漓的性生活後，緊張激動的身體開始放鬆，肌肉也在滿足之後的疲倦中得以舒展，睡意自然而然會襲來。

對女性來說，性愛對月經也很有幫助，透過性生活中的肌肉收縮運動，能促使血液加速流出骨盆區，進入血液總循環，從而減輕骨盆壓力；它還能適量恢復腦部的供血量，從而減輕腹部及經期的不適症狀；調節女性的膽固醇，保持骨骼的密度，減緩雌激素流失的程度；讓女性的肌肉變得更加有力，整個人看起來步態輕盈，身體靈活，從而延緩衰老；性愛產生的興奮能刺激大腦分泌一種叫內啡肽的化學物質，這種物質也叫作腦內啡，它能有效地降低身體各部位的痛感……

和諧而美好的性愛給我們帶來的好處真是不勝枚舉。我們完全可以說，性愛比喝咖啡管用、比興奮劑好使、比安眠藥有效，對女性的好處堪比敷面膜、吃保健食品和用貴婦乳霜。

性愛是身體與心靈的交流與放鬆，那麼它對我們的心理有哪些好處呢？

性愛如果是發生在成年人自願、非強迫的關係中，請注意！前提是成年人自願、非強迫的關係中，那麼它便是一種非常美好的體驗，能讓情侶之間的感情進一步昇華。

首先，美好的性愛可以提升自尊感——「我很有魅力、我對別人有吸引力、我被人渴望著、我被人愛著」——這種積極的情感體驗會讓一個人由衷地感受到作為一個人和一種性別的存在是一件多麼美妙的事情。

其次，美好的性愛會讓關係更融洽。美國心理學家曾進行了十八個月的縱貫研究，結果發現：性滿意度與關係滿意度有關。越做，真的會越相愛嗎？答案是「不一定」，但可以肯定的是，不做，大多是不夠愛。心理學研究，結果發現，常有性愛的伴侶比不常有性愛的伴侶，更愛彼此。帶著愛來一場靈與肉的交流，當然會越來越愛彼此。

第三，美好的性愛會讓人更快樂。一項採訪一萬三千人的心理學調查研究顯示，十六%的受訪者表示，他們至少已經一個月沒有性愛了，比起其他人，他們感覺更不快樂，且容易憂鬱和焦慮。

感受不到被愛，感受不到溫暖、溫情、溫柔，感受不到全然的放鬆，感受不到快樂，你當然會被焦慮包圍！性愛對於緩解焦慮是比運動更有效的身體活動。所以，如果你容易陷入焦慮的情緒，不妨先問問自己：我有多久沒被溫柔地觸摸過了？

「性人格」越健全，性生活越放鬆

雖然性愛有諸多好處，但並不是每個人都能享受到它的好處。對有些人來說，性愛反而是負擔、是心結、是自己各種不自在的根源、是誘發焦慮的直接原因。

十年前，我曾經參與過某國際心理學研究機構發佈的一項針對中國人的《性愛白皮書》。期間，我提到一個概念，叫作「性人格」。每個人的心理是有其人格特質的。對於性愛，每個人其實也有著自己的人格面具。什麼是「性人格」？就像開始我問大家的那樣——你對性，是感到骯髒、羞恥、下流、保守、憤怒，還是過度渴望、過度焦慮、過度興奮，毫無節制？又或者是愉悅、開放、滿足的呢？這些就是你的性人格。

我深深相信，現今社會在性教育方面的開放，已經讓越來越多人成長為「性人格」健康、健全的人，他們對性不再有偏見，而是將性看作跟吃飯睡覺一樣非常正常的事。

那麼「性人格」不健全的人會出現哪些問題呢？

首先是性焦慮。性焦慮指的是對性愛感到緊張、尷尬，無法打開自己的身體、對性愛排斥，無法從性愛中獲得滿足而帶來的焦慮。性焦慮的產生或許有身體上的原因，比如性功能障礙，但更多的是心理方面的問題——對自己的身體沒信心，對性愛不夠瞭解，覺得會傷身體；對自己的身體也不瞭解，不知道怎樣才能讓自己的性欲得到滿足；或者是對關係不夠信任，覺得對方不夠愛自己，因此放鬆不下來。

其次，性人格不健全的人更容易憂鬱，或者容易被激怒。我們知道，性是一種很強的能量，如果長期得不到釋放，性欲難道就消失不見了？不會！性能量很可能轉化成憂鬱的能量，讓我們陷入憂鬱的深淵。要知道，長期、拚命地壓抑生命欲望，我們的生命力也會被一併壓抑了。所以，憂鬱症也叫生命活力喪失症。

試想一下，假如你是一株植物，被長期壓在一塊大石頭下面，不見天日，久而久之，你還能充滿生命活力、積極向上生長嗎？

當你的生命力被自己壓迫、壓抑得奄奄一息了，那麼憂鬱症就會光顧你，不請自來地跟你做朋友。而且，由於性欲得不到滿足，性能量無法釋放而導致的憂鬱，多半是焦慮型憂鬱症。

除了憂鬱，性能量還「跑」到哪裡去了呢？「跑」到了憤怒和攻擊別人上了，尤其是在性方面攻擊別人。比如，那些因為某明星出軌就跑到人家微博下面用污言穢語罵人的「鍵盤俠」和語言暴力分子；那些對別人家的老公出軌簡直比自己的老公出軌更憤怒的人們；那些動不動就恨不得用道德的大棒將人置於死地的人；那些過度提倡貞操節烈，對性行為大肆批駁詆毀，談性色變的人。表面上，他們是那麼恐懼和厭惡性，其實是內心太渴望和諧美好的性愛卻得不到滿足罷了。所以，在我看來，透過語言上的攻擊、謾罵、詆毀來獲得某種滿足，這才是真正讓人羞恥的事。

對於性人格不健全的人，我常用一句話來形容——觀念保守，行為不堪。

性人格健全的人又是什麼樣的呢？他們觀念開放，行為嚴肅。對自己的性、對別人的性，都予以尊重，因此也更懂得如何合理地釋放性的欲望，懂得如何讓自己在性愛中徹底放鬆，享受性愛所帶來的美好和快樂，活得像個真正的成年人！

記住著名心理學專家賈曉明老師的話吧：「你怎麼看待性，就是怎麼看待人。」你怎麼看待性，就是怎麼看待你自己。你愛不愛自己，你的性愛知道。

幸福筆記

任何一種關係，既是引領的藝術，又是跟隨的藝術。

好的婚姻、好的關係就像跳雙人舞，不是其中某一個人的事，它需要兩個人有默契地配合，一起好好地經營——你進的時候我退，我退的時候你進，能充分考慮、理解對方的感受，相互扶持、共同成長、彼此成就。

Chapter 9

過度期待的背後，隱藏著不滿意、不相信、不接納

每個人小時候都會對自己到底是從哪裡來感到非常好奇，於是會問自己的父母：「媽媽，我是從哪裡來的？」有些父母不知如何作答，就跟孩子說：「你是從垃圾桶裡撿來的。」

這樣的回答對父母來說是個玩笑，但對孩子幼小的心靈來說，卻是非常挫敗的。因為「生命是帶著期待而來的」這個確定感，會讓一個生命產生由衷的被接納的踏實感。

生命帶著期待而來，期待它更茁壯、更有生命力、更有競爭力，這幾乎是每一個養育者的願望，期待就猶如生命的陽光。但是，被過度期待就不愉快了。過度期待本身就帶著巨大的壓力。從本質上來說，給予他人過度期待，實際上是在向他人傳遞焦慮。

父母的過度期待是孩子人生中沉重的枷鎖

我有一個閨密，就是被媽媽過度期待的典型。她媽媽當年由於上山下鄉而沒能考上好大學，回城後也沒能找到滿意的工作，然後嫁了一個很平庸的男人。所以，閨密的媽媽一直覺得自己活得憋屈，覺得自己年輕時那麼漂亮聰明，結果活得泯然眾人矣，很不甘心，於是把「我完全可以創造夢想中的人生」的期待，完全放在了女兒的身上，希望女兒替她活出她的那部分自我。

為了女兒能活成自己期待的模樣，媽媽從小就培養她琴棋書畫。閨密也很爭氣，學習上一直出類拔萃。但她很失落、很喪氣地對我說，儘管自己一直很努力，但媽媽對她從來就沒滿意過，也從來沒有真正地表揚過她。每次她把獎狀拿回家，媽媽會稍微高興那麼一分鐘，緊接著就會對她提出更高的期待。

作為媽媽，她認知不到這種期待是不合理的、過度的，也沒有學會自己承擔自己的人生責任，只會把那些夢幻般的目標寄託在孩子身上，希望她替自己來完成那些其實「根本不可能」的任務，以突顯自己的獨一無二；而作為還不夠成熟、強大的孩子，閨密也沒有辦法去質疑、反駁母親的絕對權威，她只能接受、認同、順從。這就是過度期待——對當事人給予不切實際的希冀，期待對方不斷地完成能力範圍之外的目標，搞得對方筋疲力盡。而被寄予厚望的那個人，長期生活在壓力、焦慮之下。一方面，他會逼迫自己一定要達成他人寄託在自己身上的「善意期待」。另一方面，如果無法實現這種期待，他就會陷入一種強烈的內疚、自責的情緒中，不得解脫。

所以，我閨密才不無傷感地感慨說：「我從來沒有讓我媽媽滿意過。」

父母未完成的願望、不圓滿的人生，放在孩子身上，美其名曰「期待」。但在我看來，父母的過度期待是孩子人生中沉重的枷鎖，會讓他終其一生都沒有機會認識真正的自己，活出理想中的自己。這樣的人生，何其可悲、可嘆又讓人心疼！

高曉松就是幸運的，因為他成長在一個充分自由、開放的家庭。在他家，每個人都有自己專長的領域，父母從不把自己的期待強加到孩子的身上。所以，算不上中產階級的高曉松，如果他手中的錢只夠旅行或是買房子，他可以恣意地選擇去旅行。

我想，這就是家長能給孩子最好的愛吧。

願天下父母都能自己承擔自己人生的責任，不再對孩子寄予過高的期望。要知道，孩子現有的能力只夠承擔他一個人的生命重量，他無力背負父母和其他人的生命重量。

過度期待不是真正的愛，無法為人帶來快樂

過度期待對被期待者來說，帶來的真的只有傷害。不幸的是，合理期待和過度期待往往很難辨別。

如何判別？其實我們可以根據當事人的主觀感受來判斷。如果當事人是愉悅的、興致勃勃的，願意擔此重任，那麼就說明期待沒有過度。相反，當事人對期待和目標感到壓力重重，不愉快、不放鬆，卻又不得不去做的時候，焦慮就產生了。

在這裡，我需要特別說明的是，在父母的過度期待中成長的孩子，在心理上會有一種自我虐待的傾向。為什麼這麼說呢？因為這樣的人從小到大，從父母等撫養人那裡得到的都是負面回饋——他們總覺得你不夠好！

對孩子來說，這樣的父母有著不容置疑的權威性，這是做父母的自戀，他們把這種自戀投射給了孩子，孩子只有絕對地服從，無力反抗，因為這種自戀常被父母解釋為「我

們都是為了你好」。於是孩子在心理上會產生很大的糾結：理智上告誡自己，父母都是為了自己好，可是感情上並沒有那麼快接受，心裡總是不舒服。於是，孩子迷茫了、思維混亂了——明明是為了我好，為什麼我感受不到被愛呢？

是啊，為什麼呢？因為過度的期待不是真正的愛，它無法給人帶來真正的快樂，反而會引發很多情緒問題。

在這套愛的邏輯之下，最讓人擔心的後果，是父母過度期待的目光，會內化進孩子的心裡。長大以後，明明父母早就不嘮叨、不指責、不挑剔了，可是孩子開始對自己有了很多不切實際的過度期待，開始學會了自己為自己訂目標：他為自己訂了考上好大學的目標，目標實現了，他會認為這是自己理所當然要達到的，達不到就是徹頭徹尾的失敗；想考研究所，又成功實現了，他覺得這也是個很合理的期待；畢業後，他要求自己找一份人人羨慕的好工作，在人際關係上能左右逢源；之後，希望自己建立別人眼中的美滿家庭，如果做不到，就意味著自己太差勁……

我們可以看到，他人生裡的每一個期待都必須以「完美」作為結局，稍有差池，比如，沒考上好的大學，沒順利考上研究所，沒有如願以償獲得好工作和主管、同事的賞識，或者沒能儘快脫單，建立家庭，他都會感到格外地焦慮。

期待和目標在不斷升級，他卻來不及思考，這裡面哪些是合理期待，哪些是不合理期待。

他看似完成了無數的期待、達成了無數的目標，但是他體驗不到成功的喜悅，因為他的心從未得到片刻真正意義上的休息。父母那雙苛責的眼睛內化成他心裡那個嚴厲的「小教官」，時刻拿著鞭子鞭策著他，讓他像個旋轉的陀螺般完全停不下來。他也從未在一個目標實現後徹底地放鬆過、開心過、享受過，更別提表揚過自己。

我想，這也是很多人明明很努力，卻越努力心越疲憊的根本原因吧！這種對自己的過度期待，無異於自我虐待。

所以，如果你感覺自己越努力卻越疲憊的話，不妨停下來思考一下——你是否正在為了實現某些期待、成為別人眼中的人生贏家而逐步地掏空自己？你瞄準一個過高的目標時，是否承受著擔心萬一完成不了又該怎麼辦的高度焦慮？當無法實現期待時，你體驗到的無法擺脫的內疚感是否讓自己無路可逃，陷入憂鬱，甚至開始自我攻擊和懲罰？

如果是，趕緊停下你匆忙的腳步，放空你的大腦，偶爾享受一下腦中一片清明，心中無牽無掛的愜意、寧靜與舒適吧！我們的人生足夠長，偶爾的駐足停留，並不會影響我們達成目標。

小心，焦慮是會遺傳的！

焦慮的媽媽很可能會教出一個焦慮的孩子，而孩子在他成長的過程中，如果沒有得到適當的修復，那麼他為人父母後，仍會把焦慮的情緒帶給他的後代。這就是「母系代間遺傳性」。

在生活中，我看到太多的媽媽陷入了瘋狂的焦慮中。孩子幾乎佔據了她們所有的個人空間，儘管她們每天都和孩子捆綁在一起，內心卻始終充滿了困惑與擔憂，焦慮異常。

心理學家調查發現，在養育孩子這個問題上，幾乎所有家長都能在孩子身上找到自己成長的烙印。那焦慮會不會遺傳給下一代呢？回答這個問題之前，我先帶大家認識一個新名詞——「代間遺傳」。

什麼是代間遺傳？從心理學角度來說，指的是人的心理特質、思維模式、人格和性格特點以及較為極端的處理問題的行為模式，會從上一代遺傳給下一代，彷彿是父母為你埋下的心理基因。所謂「龍生龍，鳳生鳳，老鼠的兒子會打洞」、「我最看不慣你，長大後卻成了你」等等，說的都是代間遺傳。

原生家庭造就了我們前半生的命運，如果我們學不會真實、真誠地面對原生家庭，切斷原生家庭對自己的負面影響，那麼原生家庭將會持續影響我們的後半生，而這條看不見的命運線，就是心理上的代間遺傳。比如，父母婚姻不幸，會代間遺傳給孩子；父親的家暴行為，會遺傳給孩子；父母對待伴侶的方式，會遺傳給孩子；父母的焦慮，尤其是母親的焦慮，也是會遺傳給孩子的。

每個焦慮的媽媽都有可能教出一個焦慮的孩子，而孩子在他成長的過程中，這些問題如果沒有得到適當的修復，那麼他為人父母後，仍會把焦慮的情緒帶給他的後代。這就是「母系代間遺傳性」。

約翰霍普金斯大學醫學院的研究人員招募了一百三十六個家庭，每個家庭中至少有一個家長被診斷出患有焦慮障礙。追蹤研究顯示，這些家庭的孩子中有超過七成在成年後患有不同程度的焦慮症或強迫症。

好消息是，一項發表在《美國精神病學雜誌》上的關於焦慮障礙干預的研究顯示，焦慮障礙的代間遺傳是可以進行有效干預的。也就是說，即便你的父母一方患有嚴重焦慮的心理問題，你也還是可以切斷這個影響的。所以，我們看似是在研究媽媽，其實是在幫助你。

過度擔心型媽媽：孩子成長過程中的不堪重負

閉上眼睛想像一下，「過度擔心型媽媽」應該是什麼樣的形象呢？

性格軟弱、體弱多病、鬱鬱寡歡，在家庭中幾乎是個「不被看見」也「不被聽見」的角色。因此想到這樣的母親，我們腦海中浮現的總是淚眼濛濛、唉聲嘆氣、欲言又止的委屈女性形象。這類媽媽總會表現出過度敏感、過度擔心，甚至有點神經質的特徵。

這種媽媽還總是身體不好，但凡你不聽話，但凡你跟她意見不一致，她就身體不好了，或者可以說她常年都身體不好，不是這裡疼就是那裡疼，不是這裡難受就是那裡難受，反正就沒有感覺舒服的時候。

可以想見，這種媽媽對生活、人際關係以及周遭世界都有超乎常人的恐懼和不安全感，在日常生活中，她會將這種對外部世界的深深焦慮投射給自己的孩子。

比如說，媽媽總是對你放心不下。你的人生雖然是你在過，但是她會有很多很多的擔心和焦慮：「唉呀！你不會被騙吧！」、「我女兒找個男朋友，不會被欺負吧！」、「將來要是嫁到他們家，他們不會欺負我女兒吧！」、「你做這個工作，你老闆不會潛規則你吧！」、「你交這樣一個朋友，不會坑你吧！」、「我兒子在大城市打拚，太辛苦了，為娘想想就落淚。都是爸媽沒本事，你什麼時候才能買得起房呀！」

媽媽的過度焦慮和對外界極度缺乏安全感的狀態，看起來是出於對孩子的愛，實際上會成為孩子一生的詛咒——擔心社會上壞人多，結果發現，孩子真的遇上了壞人。正所謂怕什麼來什麼，這也叫心理學上的「心想事成」，其心理機制就是著名的「墨菲定律」：覺得會出錯的事，總會出錯；擔心某種情況會發生，結果真的就發生了。所以，媽媽們的過度擔心、過度焦慮，其實會成為孩子在成長過程中的不堪重負。

我曾讀過一首詩，叫《牽著一隻蝸牛散步》，詩中寫道：教育孩子，就像牽著一隻蝸牛在散步。和孩子一起，走過他孩提時代和青春歲月，雖然，也有被氣瘋和失去耐心的時候，但是，孩子卻在不知不覺中向我們展示了生命中最初、最美好的一面。它告訴我們：孩子，是慢慢養大的，教育孩子就像牽著一隻蝸牛在散步，需要我們細心地呵護。慢養，才能教出更優秀的孩子。

情感失焦型媽媽：孩子總感覺不到被愛

這類媽媽的情感往往是錯位的。我們都知道，孩子在〇到三歲之間需要媽媽無條件的關注，媽媽要及時滿足孩子的一切需求，他才能感受到被愛。可是情感失焦型媽媽的心思往往不能集中在孩子身上，例如，有些母親患有嚴重的產後憂鬱，大部分精力都用來跟自己的糟糕情緒打架了；有些母親情感上不夠獨立，非常依賴丈夫，孩子感覺自己更像是父母之間的第三者；還有些母親在孩子出生之後，出於對職業生涯的焦慮，把養育孩子的責任推給家中老人或保姆，而自己依然沉迷在工作中。不誇張地說，母親總是當著孩子的面滑手機，甚至會讓孩子產生非常強烈的被忽視、很委屈的感受，他會覺得「我還沒有媽媽的手機重要」。

袁泉是我很欣賞的一位女性。在《朗讀者》節目上，她講述了自己十一歲離家去北京學戲的過往。

那一年，袁泉被中國戲曲學院附屬中學的老師選中，離家去北京學習京劇。當時，父母問她：「你自己想清楚，真的想學京劇嗎？」

還是懵懂稚童的袁泉，自己做了這個人生的重大決定。之後，媽媽陪她去北京，一個星期後就回湖北老家了。

班主任告訴袁泉，媽媽在教室門口站了好一會兒，雖然很捨不得，但還是笑著說：「孩子就拜託給你們了。」

那七年，袁泉靠著和父母之間的三百封家書，撐過了最艱難的歲月。雖然相隔千里，但是父母的愛從來沒有缺席過。

聲色犬馬的娛樂圈裡，袁泉始終保持著清冽疏離、清醒自持的氣質，安安靜靜地做著自己喜歡的事。她身上的這種自信、清醒、淡定、從容，以及內在不慌不亂的篤定，我認為跟她從小就被父母珍視、被溫暖地愛著，以及被尊重、鼓勵著長大有關。

從小在愛中長大的人，內心是篤定自信的，所以他能從容自若地應對生活中的各種變化；而內心缺愛的人，心裡空蕩蕩的，空帶來的是慌，焦慮便如雜草一般在心裡叢生。

關於家庭關係，兒童精神分析大師阿克曼曾提出過一個很有意思的概念，叫作「家庭中的連鎖病態」。他指出，任何家庭中的單個成員混亂或者扭曲的行為，都有可能引發其他家庭成員相對應的連鎖反應。母親情感失去焦點、情感秩序混亂焦躁，造成的後果便是，孩子總感覺不到被愛，於是有了刻在骨子裡的惴惴不安。

但願每個孩子都是被溫暖地對待、被呵護著長大，心裡裝著滿滿的愛和安全感。

哀傷型媽媽造就的是焦慮型孩子

這種媽媽總是不高興的，永遠是憂鬱的、悲傷的、抱怨的，對什麼事情都提不起興致。有時候，她還會把孩子當成情緒垃圾桶，將各種負面情緒一股腦地傾倒給孩子。

仔細觀察你就會發現，有的人長大了不會笑，或者合照時，他笑得比哭還難看。因為他長得難看嗎？並不是。從小到大，他哪敢笑啊！父母就沒有高興的時候，如果家裡就他一個人在高興，那他不就成了這個家裡的一朵奇葩？在他的意識裡，笑和高興是有罪的，因為父母永遠不高興，他必須得跟父母的情緒保持一致。對孩子來說，這無疑是一種精神綁架。

如果家裡有一個哀傷型媽媽，那麼全家都會被她不高興的情緒影響、綁架，整個氛圍都被弱勢控制了。如果空氣有顏色，那麼這種家庭裡流動的空氣會是什麼顏色？沒錯，暗淡的、陰冷的青灰色。

這種媽媽常常對生活感到絕望，她更容易用這樣的句式來解讀生活裡的一切不如意——「唉，都是因為爸媽沒本事，我們家沒錢。」、「你的事業發展得不順利，你沒對象，都是爸媽沒背景，我們家窮！」但凡生活裡出現任何不順利，媽媽最後都會說：「唉，誰叫你生在這樣的家裡呢，誰叫我們家沒錢呢！」

媽媽對生活滿是絕望，對孩子造成的心理暗示是什麼呢？

第一，孩子你真倒楣，爸媽沒錢沒本事。

第二，你是下等人，你不如別人。

第三，生活是沒有希望的，所以你這輩子也不可能有好的生活！

試想一下，如果這些心理暗示像心理密碼一樣從小被你母親敲進了你的心裡，面對生活時，你是激流勇進，還是消極對付？你是行動力滿滿地主動解決問題型，還是遇事唉聲嘆氣焦慮不安型呢？答案顯而易見！

王桂荃（梁啟超的二夫人）女士在梁啟超離世之後，帶著九個孩子度過了別人無法想像的歲月，即使在「文革」的動亂年代她也沒有動搖信念。她去世後，梁思成和兄弟姐妹一起在父親墓旁種下一棵「母親樹」，以此紀念這位偉大的母親。

哀傷型媽媽造就的是焦慮型孩子！而像王桂荃般堅強、冷靜、樂觀的媽媽，教出的孩子肯定是堅韌的，遇事不怯懦、不慌張的。

這樣說可能會觸發一些朋友心裡關於原生家庭的痛苦。不過就像白血球在跟病毒作戰時，我們也會發燒一樣，如果你感覺到心痛，那也就意味著，你已經走在了面對問題、解決問題的路上，這是變好的開始。

你可以是問題本身，但同時也可以是問題解決者。來，深呼吸，調整一下情緒。我相信你！

真正的信任，不是你看到了才相信

既然過度期待為我們帶來的是焦慮和傷害，那我們該如何化解過度期待帶給我們的負面影響呢？我的答案是——找到自我實現的預言。

最早提出「自我實現預言」的是美國哈佛商學院著名的教授羅伯特．莫頓，他提出由先入為主的判斷引發的自我實現預言，也就是使自己的預期成真的預言。

這其中最為著名的就是比馬龍效應：一九六八年的一天，美國心理學家羅森塔爾和雷諾爾．雅各布森來到一所小學，說要進行七項實驗。他們在一至六年級每個年級各選了三個班，並對這十八個班的學生進行了「未來發展趨勢測驗」。之後，羅森塔爾以贊許的口吻將一份「最有發展前途者」的名單交給了校長和相關老師，並叮囑他們務必保密，以免影響實驗的正確性。

其實，羅森塔爾撒了一個「權威性謊言」，因為名單上的學生是隨機挑選出來的。

八個月後，羅森塔爾和助手們對那十八個班級的學生進行複試，結果奇蹟出現了：凡是上了名單的學生，成績都有了較大的進步，且性格活潑開朗，自信心強，求知欲旺盛，更樂於和別人打交道。

這就是著名的比馬龍效應，也叫「羅森塔爾效應」、「人際期望效應」，是一種社會心理效應，指的是人們對他人的殷切希望能戲劇性地收到預期效果的現象。

在心理學的精神分析領域有一個很好的詞彙——「抱持」。

精神分析領域認為，最好的養育環境是抱持性的，它具備兩個基本特徵：孩子發展好的時候，認可他；孩子受挫的時候，支持他。在抱持的環境裡，一切是以孩子的感受為中心的，而不是以父母頭腦裡的想像為中心的。

而抱持的環境需要一個大前提，就是——信任。

真正的信任，不是你看到了才相信，而是在你還沒看到時，你就相信了。比如，你信任自己的孩子，認為他是個很棒的孩子，並不是因為他取得了讓你滿意的成績你才相信，而是你本來就有這樣的信任。那麼孩子做得好，你覺得意料之中，大加讚賞；孩子做得不夠好，你也一樣寬容接納，因為你相信他，雖然這次沒做好，下次一定會做得好！

再比如，你信任你的伴侶對你的感情，並不是經過一再地考驗和試探之後才覺得他值得你信任，而是從一開始，你就充分地相信他，把自己的信任踏實地、毫無保留地交給了這個人，這才叫真正的愛。

因此，真正的信任是——相信你還沒有看到的，而且相信你相信的一定會發生。這是建立一切美好人際關係的基礎，包括親情、友情、愛情、親子關係、親密關係，都是如此。因為只有具備了足夠的信任，才具備抱持的環境。

建立自我實現預言的前提是——你發自內心地相信自己，認為自己是可以的！即便偶爾遭遇挫敗，你也認為這是暫時的，自己完全有能力跨過去。這才是真正有效的期待！這其實也驗證了我們常說的那句話——「說你行，你就行，不行也行；說不行，就不行，行也不行！」

而過度期待的前提是，覺得你不行，所以才拚命地給你 KPI（關鍵績效指標）、給你目標、給你壓力，讓你去不斷完成、不斷提升，以此證明——「哦，原來你還行呀。」說到底，過度期待的背後，其實隱藏著不滿意、不相信、不接納。

請大家相信，在有效期待的人際氛圍和環境中長大的孩子，一定會活出屬於他的精彩人生，因為他有足夠的自信，足夠接納不完美的自己，足夠信任自己！

最後，我出一個小作業給大家：試著找出你身邊跟你親近的人，誰給過你真正的信任呢？然後寫一封信給他，向他表達一下你的感謝吧——真正的信任，才是你們之間最珍貴的情意。

人生從來不是規劃出來的，而是一步步走出來的

上小學的時候，老師常常會讓我們做一件事，就是制定學習計畫和作息計畫。於是每到新學期，你就會拿出一份非常詳細的計畫：早上幾點起床、幾點到幾點吃早餐、幾點到幾點學習、幾點到幾點玩耍，要詳細規劃到幾點幾分具體做什麼，直到幾點幾分上床睡覺……然而，你沮喪地發現──沒有一份計畫清單，是自己可以真正完成的，於是你一次又一次陷入了訂計畫時雄心勃勃，完成不了後焦慮挫敗的情緒循環裡。可以說，訂計劃、找目標，是我們人生中第一次接觸到焦慮情緒，是我們焦慮體驗的開始。

然後，每到新的一年，你也開始制訂新年計畫：

唯有學習和旅行不可辜負，於是你在網站上找了一百本人生必讀的好書，你買好了健身卡和健身裝備，買了一大堆付費的知識課程，下載了好多地方的旅行攻略，你對每一天的時間制定了詳盡的日程表……又是一年年終時，你發現，年初制定的大部分計畫都沒

能實現，那份新年計畫彷彿只是用來在新年開始的頭三天打打雞血而已。所謂計畫，也只是計劃了計畫而已。而你，陷入了年復一年的焦慮循環。那麼，訂計畫、訂目標就必然導致焦慮嗎？

沒有目標會讓人焦慮，制定了詳細的目標也會導致焦慮，那麼該如何有效地利用好「目標」這個傢伙，讓它為我們的生活和心理建設服務，而不是來添亂呢？

法國心理學家弗里斯頓在進行「不確定感忍耐性量表」的研究時，提出了「無法容忍不確定的程度」這個概念，它被認為影響著「不確定」和「焦慮」之間的相互關係。意思是說，當我們心理上感受到的不確定性越強烈時，我們的焦慮程度就越高；當我們面對的情形是未知的、不確定的，這會帶給我們一種不在掌控之中的感覺，不安全感就這樣滋生了。

面對潛在的失控或不安全，我們會感到焦慮，這種焦慮感其實是人潛意識中的恐懼，甚至是一種生存恐懼。

因此，我們可以說，焦慮情緒的本質是對潛在的失控感的恐懼。為了應對這種恐懼，我們會去找最容易上手、成本最低，而且最容易在一開始就能找到成就感的事情去做，那就是訂計畫。因為當我們將計畫寫下來的一剎那，我們彷彿就有了這些計畫已經實現，人生已經開始走向巔峰的美好幻覺。這種心態跟在紙上畫了一個餅其實沒有區別。

習慣了做計畫的人，如果有哪一次沒有制定詳盡的計畫，那麼他的心態就會完全崩潰。因為，做計畫只是表像，我們內心深處的焦慮和不安全感，才是問題的根源。

我有一位朋友，每次出門旅行之前都要做非常詳盡的攻略，如果哪一次攻略做得不詳盡，他就會特別焦慮。有一次在泰國，由於妻子做的攻略不夠詳盡，平時脾氣非常好的他，站在街頭對妻子失控地大發雷霆。而他妻子的感受是，如果攻略制定得太詳細，反而會陷入焦慮的情緒中。

「攻略做得不詳細就焦慮」的性格特點也被我這位朋友帶到了工作中——每當他要同時處理很多個任務時，他就發現自己很難理性、安靜地應對，最終，他不得不離開職場，賦閒在家做家庭煮夫。

這位朋友由於計畫所帶來的焦慮情緒，其實已經到了需要跟心理醫生好好聊一聊的地步了。

原來，制定詳盡的計畫會導致更大的焦慮，甚至會讓人瀕臨崩潰。我們把這種總是訂計畫又總是被計畫所牽絆而產生的深深的焦慮感和沮喪感稱為「計劃過度」。

有的人整天忙來忙去，心卻越忙越空

計劃過度是如何製造焦慮呢？我們來看看從訂計畫時的興奮，到完成不了計畫時的沮喪，我們的心理大致會經歷哪些步驟。我稱它為「計劃過度導致焦慮的七感體驗」：

1. 計畫被打破感：我們常說，計畫趕不上變化。計畫制定得再詳盡，也總會因為某個意外而被打亂，你根本無法控制。比如說，你計劃每天晚上臨睡前安安靜靜地看幾頁好書，結果連續幾天加班到深夜。回到家後，你只想趕緊洗洗把自己放倒，書還沒拿起來，就已經睏得眼皮都抬不起來了，無奈之下，你只好在計畫清單上把睡前讀書這件事擱置。

2. 產生荒廢感：計畫一旦被打破，離失去秩序也就不遠了。半荒廢的計畫開始讓你的生活有點一言難盡，一方面，你終於可以為自己完成不了某個計畫而找到合理的藉口——「不是我不讀書啊，是我確實沒時間嘛。」不用再堅持某件事情，可能讓你暗暗鬆了一口氣。但隨之而來的是巨大的荒廢感，你甚至會開始懷疑人生、懷疑自己——時間去哪了呢？我這樣忙忙碌碌，是否真的有意義呢？

3. 產生疲勞感：生活失去了秩序，內心的荒蕪感產生了，這種感覺太難受了。這哪是你想要的人生？說好的自律呢？成為更好的自己呢？於是，你開始花費更多精力尋找擺脫失序感的方法。可是，好像也沒什麼更好的辦法能讓你不加班，不被現實所負累。財務自由還遠，時間上的隨心所欲幾乎不可能，生活不是自己想要的，可是又沒有更好的解決方法。於是你更加沮喪，內耗太大導致身心疲憊，你常常感嘆——活著太累了！

4. 焦慮被喚起感：身心俱疲讓你處理工作和生活事物的效率變得更低，於是失序感加重，迷茫和焦慮開始在你心裡甦醒。它們一旦「醒來」，就很難擺脫。計畫很遠，焦慮卻很近。

5. 被焦慮控制感：之後，你會陷入對時間的焦慮裡，焦慮的背後彷彿有一雙無情的大手在榨乾你的時間——有的人整天忙來忙去，好像做了很多事，心卻越忙越空；有的人好像每天都忙得沒時間享受，其實並沒有做多少事，大部分時間都在拖延焦慮而已。你用忙碌的假象來麻痺自己，內心卻知道自己在虛度光陰，你感到內疚、自責，並且為達不成的預期而深感無力。

6. 重燃計畫感：內疚、自責和無力感進一步加重了你的焦慮，在疲勞、焦慮中，時間更加無價值地飛速流逝。可是，總有那麼一個時間節點讓你猛然驚醒，這個時間節點可能是新年，也可能是你生日的時候，你會突然驚覺：「呀，時間過得真快，一年又快過去啦！真的不能再這樣下去啦，要改變，我要成為更好的自己。」你會再次點燃你的小宇宙，於是新的計畫表又定下了。

7. 焦慮循環感：在新的計畫面前，你真的變成一個全新的自己了嗎？並沒有，因為你的思維方式、你的生活習慣、你的自我認知，都沒有發生任何的改變。又是全新的一年，但你還是過去的你。去年你面對和處理不了的問題，今年再次面對時，你一樣還是沒輒——好吧，新一輪的焦慮循環又開始了。

在這之中，我們會發現一個問題，那些愛訂計畫又總是完成不了的人，他們其實並沒有真正為實現計畫做出過任何的努力和改變，而是新計畫、老路子。這樣一來，計畫除了加重焦慮和自我挫敗感，讓你覺得自己真是差勁之外，當然就沒有更多用處了。

如果把人生比作一趟旅行，制定過度詳盡的計畫，其實會讓旅行變得索然無味。因為你所有的精力都在應對失控帶來的恐懼，並沒有時間和心情來享受當下的任何美景。

人生從來不是規劃出來的，而是一步步走出來的。你是希望自己的人生旅程充滿了五顏六色、變幻萬千的風景，還是單調又一成不變的索然無味？我想，答案顯而易見吧！

我們不僅要出發，更要懂得為什麼出發

當然，目標和計畫也並非對我們的人生全無好處。只是我們要如何善用目標和計畫來化解焦慮情緒呢？

美國心理學家耶基斯和多德森透過實驗研究發現了耶基斯——多德森定律。定律指出，動機強度和工作效率之間並不是線性關係，而是呈倒U形的曲線關係。即動機強度處於中等時，也就是當我們保持在中等水準的焦慮狀態時，工作和學習的效率最高。

因此，訂計畫、訂目標是讓我們保持適度焦慮，從而保持自我精進狀態的方法之一。以下方法，或許能夠幫助我們從對目標的焦慮中擺脫出來：

第一，追求目標的時候，讓自己放鬆一點。

目標達成不了並不代表你有多差。前面提到的電影《黑天鵝》裡有這樣一個場景：

女主角妮娜是一個雄心勃勃、追求完美的女孩。她的母親對她寄予厚望，一心想把她培養成完美的「白天鵝」，所以處處嚴格要求她，處處遏制妮娜的自由。為了達成母親寄託在她身上的目標，妮娜從來都不敢放鬆自己，電影裡的她幾乎沒有一個開心的鏡頭，時刻處於緊繃的狀態。當她被選為一場重大演出的主角後，她也隨之面臨了巨大的精神壓力。她希望自己能夠無懈可擊地完美演出。可是，在強大的壓力下，她的精神幾近崩潰。整部電影的色調壓抑又灰暗，猶如那些被目標深深折磨著的人們共同的內心環境。

後來，她的教練反覆讓她體驗失控感，對她說：「完美並不是都來源於控制，它也來自放手。」最後她終於放開自己，放下對自己、對目標的過度執著。鬆弛下來之後，她才體驗到了「真正完美」的狀態，那是比所謂的完美更完美的——心靈自由的狀態。

如果你思維固化、身體僵直，心靈被計畫和目標牢牢地束縛著，你就很難體會到真正的自由。而一個沒有自由，畫地為牢的人，計畫和目標直接指向的不是成就感，而是巨大的挫敗和焦慮！可是，目標和計畫沒實現，就等於自己很差勁嗎？所謂的計畫、目標成了人生的桎梏，這樣的你，還有持續努力的動力嗎？

因此，放鬆下來，即便完成不了計畫和目標，天也沒塌下來，你也一樣可愛。

第二，找到目標感，而不是執著於目標。

目標感跟方向感類似，它指的是一個人對即將成為什麼、達到什麼，有著清晰甚至是視覺化的場景期待。比如，我要健身，目標是三個月內減掉五公斤，然後我循序漸進地完成目標，這就是清晰的目標感。而不是我要健身減肥，減多少呢？多長時間內完成呢？不知道。管它呢，我先訂一個很嚴格的計畫再說：每天吃飯控制在多少卡路里，每天健身擼鐵打卡多少次……結果你發現，神經每天都處於緊繃狀態下的你，堅持不到一個月就堅持不下去了，因為你的心靈就像是一直上緊的發條、一輛極速賓士的跑車。但是要跑向哪裡、用多久跑到目的地，你心中完全沒有規劃。這種盲目的、執著的狀態，只會讓你更挫敗。

我們不僅要出發，更要懂得為什麼出發，還要懂得需要多長時間才能抵達，這樣，我們才能真的抵達。

第三：聚焦你的目標。

焦慮的人，腦子裡塞滿了各種各樣的東西，會同時想很多事，而且會為很多事情著急。所謂的「焦頭爛額」正是這種狀態。

在工作中，我們經常會遇到多工處理的情況。這時候，我們要保證要事優先，也就是對所有要做的事情進行一個優先順序的排序——在所有任務中，篩選出一個優先順序最高的，先去全神貫注地完成這個任務，再去做下一個，一件一件地做。別想著一口吃成胖子，這樣不僅欲速則不達，而且會導致焦慮。

請把你目前手上急著要處理的事，按照這四個象限分類：重要且緊急，不重要但緊急，重要但不緊急，不重要也不緊急，然後依照這個順序去處理和完成你的所有目標和計畫吧。

幸福筆記

當我們面對更多的選擇與未知時，感受到的並不是更多的自由，而是一種消極的無窮無盡感。眼前的選項太多，我們內心的貪婪和欲望會被放大，應接不暇的我們反而會陷入惶恐和不安。

學會識別「過度期待」和「有效期待」，是我們改善現在心態的直接方法。

Chapter 10

做好情緒管理，是一個人最好的修養

我們常說「你有情緒了」、「這事讓我很有情緒」，表面上，情緒是一種心理現象，其實它也跟生理有關。當我們身體狀態好，感覺舒適、放鬆、不過飽也不饑餓的時候，就不容易產生負面情緒。

情緒是怎麼發生的呢？它要經過兩個步驟：第一步是觀念升起，第二步才是情緒升起。

現代生理學、心理學告訴我們，任何情緒的發作都與身體內部的各種激素分泌有關，而其中有些激素對身體是有害的。

讓情緒消失的最好方法是，承認它、接納它

每當感到焦慮時，有哪些方法能讓我們控制住自己的情緒呢？接下來，我為大家介紹兩種靜觀焦慮的方法，方法一：腹式呼吸法；方法二：情緒靜觀法。

我們先來看腹式呼吸法——

我曾經是個主持人，當年在中國傳媒大學攻讀播音主持的時候，我第一次接觸到「腹式呼吸」這個概念，後來經過親身實踐，我才知道了原來腹式呼吸有這麼多的好處。我們完全可以說，學會了腹式呼吸，就等於學會了一種養生方式。

大多數人在沒有經過練習的情況下，都是胸式呼吸。大家不妨把手放在胸前試試看，如果呼吸的時候，你的胸部是上下起伏的，氣息彷彿只吸到胸骨的位置就不再往下走了，這就是胸式呼吸。胸式呼吸氣息淺、急和弱。我們仔細觀察就會發現，很多病人或者身體虛弱的人，大多呼吸很淺、很急，一吸氣、呼氣，胸部就上下起伏。所以，我們

可以根據一個人的呼吸來判斷他的身體狀況。

那腹式呼吸是什麼樣的呢？你在一、兩歲的小寶寶的肚子上鋪一條小毛巾，然後仔細觀察就會發現，寶寶在呼吸時，肚子是上下起伏、一鼓一鼓的。這就是「腹式呼吸」。

呼吸病學專家、中國工程院院士鐘南山曾說：「現在我們大部分成年人的呼吸方式都存在問題。現代人大多是胸式淺呼吸者，主要用肺的中部和上部呼吸。而健康的呼吸方式應該是像嬰兒一樣的腹式呼吸，透過橫膈活動來增強肺的通氣量。」

為什麼我們要學習像嬰兒那樣腹式呼吸呢？我們先來瞭解一下腹式呼吸的原理。

腹式呼吸是讓橫膈膜上下移動。由於吸氣時橫膈膜會下降，把臟器擠到下方，所以肚子會膨脹，而非胸部膨脹。因此，吐氣時橫膈膜將會比平常上升更多，因而可以進行深度呼吸，吐出較多易停滯在肺底部的二氧化碳。

和胸式呼吸法相比，腹式呼吸法的呼氣和吸氣都比較深長，可以給肺部充足的氧氣。由於腹式呼吸增加了橫膈膜的移動範圍，因此會比胸式呼吸法吸進更多的空氣，肺臟充滿氣體的部分較多，呼吸的頻率較慢，因此適合唱歌、朗誦、瑜伽、太極等需要空氣緩慢進出的活動，是較理想的呼吸方法。

一九七九年國際胸腔科期刊中有一篇比較胸式呼吸與腹式呼吸的論文指出，胸式呼吸在非劇烈運動狀態時，會比腹式呼吸來得費力，並增加心臟的工作量；一九九四年的身心學期刊中，也有研究指出，腹式呼吸在心血管系統、淋巴系統、自律神經系統、內分泌系統等人體功能上，都能比胸式呼吸帶來更正面的幫助。

當你感到焦慮難耐的時候，不要著急，平躺下來，或者是靜靜地坐下來，做一做腹式呼吸，對緩解焦慮情緒有很大的幫助。因為，緩慢地吸氣、吐氣能幫助我們放鬆肌肉、消除疲勞。緊張的時候，我們往往會透過深呼吸來緩解焦慮情緒，就是這個原理。

如果你因為壓力過大，肌肉無法放鬆，導致失眠。那我建議你在睡前做幾分鐘的腹式呼吸，這對提升睡眠品質很有幫助。

所以，來，跟著我的節奏，大家一起來做一做腹式呼吸法吧：把你的手指放在腰帶的中間位置，然後深深地吸氣，直到把氣吸到了腹部，然後再緩緩地吐氣。你感覺到了嗎？你在吸氣的時候，肚子是脹起來的，腰帶變得很緊，肚子就像一個大氣球般被吹得鼓脹起來。而當你呼氣時，「大氣球」開始鬆弛下來，你的腰帶開始變鬆，感覺體內的渾濁之氣頓時被排得一乾二淨，整個人神清氣爽！

如果你無法做到這樣去呼吸，怎麼呼吸，氣體都停留在胸部，那就說明你需要好好鍛煉一下自己的呼吸方式了。

練習的方法很簡單，從今晚開始，每天臨睡前，把手放在肚子的位置，或者是在肚子上放一本書。你在呼吸的同時，靜靜地感受書本的上下起伏。剛開始你可能做不到，不過別著急，每天晚上堅持練習三十次，總有一天，你能掌握腹式呼吸的訣竅。當你掌握了腹式呼吸的方法，你就學到了一種面對焦慮情緒時，可以拿來就用的緩解方法了。

對待情緒，放鬆、臣服、接納，才能隨遇而安

當我們焦慮的時候，我們通常會很想做點什麼，比如，擔心老公這麼晚了怎麼還不回來，我們就想不停打電話給他，打到他接為止；最近工作壓力好大，回家一看屋子又被孩子搞得亂七八糟的，忍不住就想對孩子大發雷霆……結果這些做法非但沒有緩解你的焦慮，反而讓局面變得更加糟糕，而你，也更加焦慮了！

其實這時候，面對焦慮情緒，最好的方式不是轉移焦慮，而是靜觀焦慮，讓自己跟焦慮安靜地待一會兒，也是跟你自己待一會兒，然後接納它、跟它對話，與它和諧相處。

什麼是情緒靜觀法呢？靜觀不是要你專門找時間在那裡靜觀，也不是讓你在心閒無事的時候靜觀，當然也不需要你保持某種特定的姿態（比如靜坐），而是要你在情緒升起的時候靜觀，在起心動念的時候靜觀。

我們先來看靜觀的準備工作——

第一步：承認情緒的存在。

對於情緒，我們常常是拒絕承認的。其實，對待情緒，我們越討厭它、厭惡它、排斥它、壓制它，越不想承認它的存在、跟它對抗，它反而越執著、越強烈、越嚴重。所以，拒絕承認、排斥情緒不是正確的做法，承認它的存在，然後靜觀它。就像相聲裡經常說的：「一登臺很緊張怎麼辦呢？跟大家直接說：『大家好，我叫不緊張。』」這其實就是教給我們，讓情緒消失的最好方法，是承認它的存在，接納它，和它和諧相處。

比如，我為什麼會焦慮呢？因為老公不回電話也不回訊息，我擔心他出了什麼事，擔心他是不是跟其他女人在一起。是的，我不信任他，所以他不回訊息不接電話讓我感到非常焦慮！可是你焦慮能解決問題嗎？不能！相反，你的「奪命連環call」可能還會把你的老公推得更遠。這時候該怎麼辦呢？對剛剛升起的情緒不排斥、不拒絕，承認它的存在，然後去靜靜地感受它、體驗它或覺知它，讓它像一股能量一樣，自然地流經身體的每個角落，如此，它才會逐漸地消失。

記住，對待情緒，我們只有做到放鬆，臣服，接納，才能隨遇而安；流經，體驗，釋放，方可收回力量！

第二步，學會將情緒與自己分開。

你有情緒了，這跟你這個人好不好、成功還是失敗、價值感高還是低都沒有關係。而且，有情緒也不是一件丟人的事情，你更不用因為自己現在處於焦慮的情緒中而向任何人道歉，不用的。只有當你因為焦慮而做了某件破壞性的事情，你才需要感到內疚。只有當你能夠將情緒和自己分開，你才能夠真正坦然地面對它。

以上這兩點，是學會靜觀情緒的前提條件，也是靜觀情緒前需要做的準備工作。當然，靜觀情緒並沒有這麼簡單。我們還可以做以下幾件事：

首先要調整自己的心情，讓它平靜下來，然後仔細去體察身體內感覺不舒服、緊張或僵硬的地方。這個部位可以是身體的任何一個地方，從頭頂到腳趾都有可能，最經常發生的部位是五臟六腑，尤其是心臟。

當你感受到哪個部位不舒服、緊張、難過的時候，就讓意念停留在那個地方，一般五秒鐘左右就可以了，仔細體察那種不舒服感、緊張感、難過感，直到那些感覺消失，自我感覺舒服為止，此時你的情緒也就自行離開了，身心歸於寧靜。

如果我們體察身體、心臟五秒鐘後，還不能使身心歸於寧靜，我們就再去仔細體察大腦裡面的感覺，我們同樣會感受到那裡也是僵硬的、緊張的、不舒服的，這時候，我們繼續去體察大腦裡的這種感覺，一般五秒鐘之後，整個大腦會放空，內心也已然安寧，再無漣漪，很是舒服。

在這個過程中，你甚至可以做這些動作：比如，用手指去按壓太陽穴，或者是將雙手抱於胸前，或者是躺在床上把身體緊緊地蜷縮起來，放鬆，然後再緊緊蜷縮起來，再放鬆。當你蜷縮起來的時候，感覺有點像是回到了母親的子宮裡。所以，這樣緊緊蜷縮的姿勢，是讓我們最有安全感的姿勢。

當然，在靜觀情緒的過程中，我們還可以配合芳香療癒來進行，比如香薰精油，或者是用音樂冥想的方式來讓整個身體進入到只有自己和自己的情緒待在一起的狀態。

所以，當你感到焦慮的時候，不要急、不要慌，生活中有太多的方法可以幫到我們。比如說，做一做腹式呼吸，或者用靜觀情緒的方法來舒緩焦慮，而不要抓起手機就把焦慮發洩給別人，或者是在關係中把焦慮投射出去，傷人傷己。

無論是腹式呼吸法，還是靜觀情緒法，都簡單好操作，而且它們不僅能幫助你我緩解焦慮情緒，還是修身養性的佳法！

當你發現自己在焦慮面前依然處於較高的能量等級時，你的淡定和寬容會讓你擁有更高的自我認可和自我價值感。這時候，別人的負能量就成了考驗自我、提升自我掌控力的大好機會了。

我們常常把「正能量」和「負能量」掛在嘴邊，很顯然，焦慮就是一種負能量。可即便是負能量，它也是一種能量。那麼負能量是否就對我們沒有任何的用處呢？假如正能量是陽光雨露，那麼負能量能不能變成我們生命中的煤炭和焰火呢？負能量是不是也可以被我們很好地加以利用呢？

每個人都有自己的能量級，你在哪一級？

愛因斯坦的質能方程式說明：物質就是能量。科學家由此測量出人在不同的體格和精神狀態下身體的振動頻率。而正能量和負能量本身是一種情緒震動的頻率。

正能量與負能量原本都是物理學名詞，但是人們在心理上為其賦予了感情色彩。「正能量」的流行源於英國心理學家理查德・懷斯曼的專著《正能量》，他在書中將人體比作一個能量場，透過激發內在潛能，可以使人表現出一個新的自我，從而更加自信、更加充滿活力。所以，「正能量」指的是一種健康樂觀、積極向上的動力和情感。它是人類正面情緒的集合，就像陽光一樣，可以讓我們保持積極的心態。很顯然，負能量就是人類負面情緒的集合——包括壞的、惡意的、具有一定破壞力的等等，它會讓人陷入消極的無盡黑暗中。

既然是能量，就必然有能量級。美國著名的精神科醫師、哲學博士大衛・霍金斯運用人體運動學的基本原理，經過長達二十年的臨床實驗，測試範圍橫跨美國、加拿大、墨西哥等國家以及南美、北歐等地，對象包括來自不同種族、不同文化背景、不同行業、不同年齡的各個層面的人群，累積了幾千人次和幾百萬筆資料資料，經過精密的統計分析之後，將人的能量劃分為十七個層級（以下知識來自對他理論的引用）：

按照一到一千能量值劃分，倒數第一個層級，能量最低的層級是：**羞愧（二〇）**。

羞愧的能量級幾近死亡，當一個人產生巨大的羞愧感時，他會恨不得找個地縫鑽進去，或者希望自己能夠隱身，不被人看見。這是一種嚴重摧殘身心健康的情緒，嚴重的話還會致病。它猶如意識上的自殺行為，巧妙地奪去人的生命。所以，對人最大的摧殘，就是羞辱他，讓他羞愧難當，這幾乎等於要了他的命。

倒數第二層級是：**內疚（三〇）**。

內疚感以多種方式呈現，比如懊悔、自責、受虐狂，以及所有的受害者情結，也經常表現為頻繁的憤怒和疲乏。無意識的內疚感會影響我們的身心，甚至會導致意外事故和自殺行為。所以，那些在關係中製造內疚感的人，是真正殘忍的人，比如，經常對孩子製造內疚感的父母——「你不聽話，就是對不起含辛茹苦把你拉拔這麼大的父母」；再比如，為伴侶製造內疚感的妻子或丈夫——「你看，我現在的不幸都是你害的」……別再這樣對待你的孩子、你的伴侶、你親近的人了，太殘忍了！你這是在緩慢地迫害他，在慢慢地「殺死」你們的關係。憂鬱症患者病情嚴重時之所以會自殺，就是因為長期的內疚、自責等自我攻擊的傾向，逐漸殺死了他的生命力。

倒數第三層級是：**冷淡（五〇）**。

這個能量級表現為心寒、失望和無助感。對他們來說，世界與未來看起來都沒有任何希望，淒涼又暗淡。冷漠意味著無助，讓人成為生活中各方面的受害者。其實，他們缺乏的不只是資源，還有運氣。除非有外在的幫護者提攜，否則很可能會潦倒致死。

所以，為什麼我一再地建議大家不要跟你的伴侶長期冷戰呢？為什麼我又常常鼓勵大家一定要活得熱烈，對生活充滿熱情呢？因為冷淡的後果真的非常可怕。

再往後的能量級分別是：**悲傷（七十五）**。

在這個能量級的人，過的是八輩子都懊喪、消沉的生活。他們的生活中充滿了對過去的懊悔、自責和悲慟。對悲傷的人來說，整個世界都是灰黑色的，毫無生命力可言。

恐懼（一〇〇）。

從這個能量級來看世界，到處充滿了危險、陷害和威脅。一旦人們開始過於關注恐懼，就真的會有數不盡的讓人不安的事來臨。而後會形成強迫性的恐懼，這會妨礙個性的成長，讓我們陷在黑暗中動彈不得，失去了探索未知世界的勇氣，最後導致壓抑。焦慮就屬於這個能量級。

欲望（一二五）。欲望讓我們耗費大量的精力去達成我們期望的目標，而且拚命求得回報，這也是一個易上癮的能級。過度的欲望意味著貪婪。良好的願望可以幫助我們走上不斷成長、獲得成就的道路，但是欲望過度卻只能讓我們走向自我毀滅。

憤怒（一五〇）。欲望帶來的挫折感，會引發憤怒的情緒。憤怒來自未能滿足的欲望，而挫敗感則源於放大了欲望的重要性。所以，憤怒常常表現為怨恨和復仇心理，而且容易導致憎恨，這會逐漸侵蝕一個人的心靈。

驕傲（一七五）。驕傲兼具防禦性和易受攻擊性，因為它是建立在外界條件下的感受。一旦不具備條件，就很容易跌入更低的能量級。驕傲的演化趨勢是傲慢和否認，這些都會抵制成長。

以上這些都可以被稱為負能量。緊接著，情緒的能量值越來越高，就開始出現正能量的「種子」了：

勇氣（二〇〇）。

勇氣是拓展自我、獲得成就、堅忍不拔、果斷決策的根基。在之前很低的能量級裡，世界看起來是無助、失望、挫折、恐怖，但是到達勇氣的能量級，生活看起來就是激動人心、充滿挑戰、新鮮有趣的。在這個能動性的能量級，人們有能力去把握生活中的機會。只有到了這個能量級，一個人才開始有了改變的勇氣，這時候再談個人成長和教育才是有意義的、可行的。而對處於羞愧、內疚、冷淡、悲傷、恐懼、欲望滿滿、憤怒又自傲等低能量級的人來說，教育其實發揮不了太多作用……如果不想辦法提升他的能量級，不儘快鼓勵、引導他去累積改變的勇氣，那麼，教育對這樣的人來說基本等於對牛彈琴。

我相信，每一個閱讀到這裡的讀者，一定早已經達到了二〇〇能量級，擁有和具備了自我改變的勇氣，所以，恭喜你！

勇氣之後的能量級，就讓人愉快多了。我們來繼續學習：

接下來是：**淡定（二五〇）**。

這是一個有安全感的能量級。到達這個能量級，意味著對結果的超然，他不再害怕挫敗和恐懼，讓人感到溫馨可靠，而且其他人很容易與之相處。因為他們無意於爭端、競爭和犯罪。這樣的人總是鎮定從容，不會強迫別人去做什麼。

然後是**主動**（三一〇）。

在主動層級的人，通常會出色地完成任務，並極力獲得成功。處於這個能量級的人，其成長是迅速的。低於二〇〇能量級的人，他們的思想是封閉的，但是能量級為三一〇的人，他們的思想是全然敞開的，他們真誠而友善，也易於取得社交和經濟上的成功。他們總是樂於助人，對社會的進步來說通常都是貢獻者。鑒於他們具有從逆境中崛起並學到經驗的能力，他們都能夠自我調整。由於已經釋放了驕傲，他們能夠看到自己的不足，並學習別人的優點。

比主動能量級更高的是**寬容**（三五〇）。

在這個能量級，一個巨大的轉變會發生，那就是了解到自己才是自己命運的主宰，才是自己生活的創造者。低於二〇〇能量級的人則是沒有力量的，他們通常視自己為受害者，完全受生活左右。因為他們認為，一個人的幸福和苦難來自某個「外在」的東西。

在寬容的能量級，沒有什麼「外在」的東西能讓一個人真正快樂，愛也不是誰能夠奪走的，因為這些都來自內在。寬容意味著讓生活如它本來的樣子，不刻意塑造成特定的模式。在這個能量級的人不會對判斷對錯感興趣，相反地，他們更樂於解決困難，因為他們更在意長期目標。因此，當一個人的能量級達到了三五〇，那麼自律才有可能發生。

再往後的能量級，則發生在更有成就或者是人生幸福感更高的人身上，依次是：

明智（四〇〇）

愛（五〇〇）

喜悅（五四〇）

平和（六〇〇）

開悟（七〇〇～一〇〇〇）

在這裡，我要特別對「愛」這個能量級做個說明：這裡的「愛」不是單指愛情，而是指無條件的愛、不變更的愛、永久性的愛。這種愛不會動搖，它不是知性的愛，不是來自頭腦的愛，而是發自心靈的愛，而且總是聚焦在生活美好的那一面，是一個真正幸福的能量級。真正具有幸福感的人，都處在五〇〇能量級以上。

學習了能量級以後，我們就能充分理解，為什麼要鼓勵人們有自信，因為能量級二〇〇以上，才是一個人生活過得有意義、順心順意的開端。

心理學的功效，其實就是幫助每個人挖掘自我潛能，讓自己的能量級提升到二〇〇以上，這時候著手去解決現實中的煩惱和困境，才是可能的。

別讓自己成為別人轉嫁焦慮的「代罪羔羊」

其實，心理學是一門為人賦能的學科。什麼是賦能？拿焦慮這種負能量來說，賦能就是——我們能做些什麼讓焦慮轉化成正能量呢？首先，不被別人的焦慮所傳染。有一個很著名的關於高僧的寓言故事：

高僧A在一棵樹下，一直謾罵高僧B，高僧B卻一直不為所動。高僧A感到很驚訝，也很好奇，於是問高僧B：「你怎麼不生氣呢？」

高僧B反問道：「有人帶了禮物給你，然後你沒收，這份禮物是誰的？」

高僧A說：「當然還是送禮的人自己的。」

然後高僧B笑笑，很平和地說：「那你今天送給我的禮物，你自己帶走吧。」

這則寓言就是非常典型的，如何不被別人的負能量所影響的例子。

無論是一些網路文章整天寫「你的同齡人已經把你甩在了身後」，還是身邊人整天都在催你「怎麼還不結婚，好男人都被搶光了」，我們的身邊總有很多人長期生活在焦慮情緒裡，最關鍵的是，他們還會把自身的焦慮轉嫁給你。這時候，如果你的心裡清清楚楚、明明白白，這份焦慮是別人的，不是你的，你就不會被他們的負能量干擾到，做到不跟風，不湊熱鬧，不關心。

當你發現自己在焦慮面前依然處於較高的能量等級時，你的淡定和寬容會讓你擁有更高的自我認可和自我價值感。這時候，別人的負能量就成了考驗自我、提升自我掌控力的大好機會了。

將焦慮這個負能量向正能量轉化的第二個方法是：聚焦需求，也就是尋找焦慮背後自己真正的需求到底是什麼，然後去滿足那個需求，而不是急於對焦慮下手。假如你的焦慮源自擔心老公會出軌，你盯著焦慮不放，那麼下意識的反應就是整天查手機、查勤，關注他在社群平台又給哪個女人按了讚。

在我看來，其實不存在不好的情緒，只有不被尊重的情緒。世間也沒有可怕的情緒，只有缺乏瞭解的情緒。

活得精彩的女人，都懂得取悅自己

生活中，作為女性，我們常常會有這樣的經驗，當我們被同事氣得冒煙，回到家裡跟男人傾訴時，往往被他說得更火上加油。因為，男人們的應對方式是，要嘛像個訓導主任一般，告訴我們，這其中我們做得不對的地方，急於讓我們反思自己；要嘛像個教練一般，急於告訴我們，這種情況接下來應該怎麼辦。

所以，著名情感作家張小嫻才感慨：為什麼男人總喜歡挑戰女人的極限？比方說：她的耐心、她的忍耐力、她的脾氣、她的包容、她的淚點。當他成功挑戰她的極限，把她弄哭，或是看到她終於發飆，他竟說：「天呀！女人是一種多麼可怕又情緒化的動物！而且還非常不可理喻呢！」他居然忘了這一切明明就是他首先挑起的。

在大多數男人的眼裡，女人都穿著一件同樣的外衣，它的名字叫情緒化。而面對情緒化的女人，大多數男人的應對方式是指責、質問、逃避。

可是，女人跟男人傾訴的時候，要的可不是這些，我們要的是男人能看到、體會到，進而撫慰我們的情緒！情緒情緒情緒！我們不是真的要現在就解決問題，拜託，誰要聽你拆招啊，我們又不傻。

所以男人越熱心當教練和訓導主任，我們女人就越生氣。因為處在情緒漩渦中的女性，她的心理狀態就像被石頭絆倒摔了一跤的小孩子一樣。

小孩子摔倒的時候，如果你直接訓斥他：「怎麼這麼不小心呀?!地上有個石頭你都沒看見，你是怎麼搞的?」他會哭得更傷心，對不對?

我們女人在情緒中的時候，最討厭的就是面對「你到底怎麼了」的質問，因為質問不是關懷、不是包容，更沒有溫暖可言，而是赤裸裸的指責。我們最希望的是，男人能這麼說：「那人就是一個渾蛋，誰敢再欺負你，我去揍他！」

先處理感情，再處理事情；先對付情緒，再想到解決。

這是我們女性共同的情緒應對機制，但這也是導致很多女性事業不能取得更大的成就，感情上又屢屢受挫的根本原因。女人實在是太情緒化了！

女人容易情緒化，還真不是故意的

那情緒管理這件事，對女性來說，是不是真的很難呢？女人為什麼會容易情緒化呢？找到了為什麼，就比較容易找到該怎麼辦了。

對於女人的情緒化，現在比較熱門的說法是從女性的大腦構造開始的。

一種說法是，這都是杏仁核導致的。杏仁核是個「搗蛋鬼」。人腦中主管情緒和情緒記憶的杏仁核，在女性的腦中活躍時，帶動著一起活躍的，是處理壓力反應、影響感情的視丘下部和下皮層部位，這就使得女性更容易陷入情緒狀態中。

另一種說法是，跟大腦的灰質和白質有關。人類的大腦最外層包了一層灰質，它的作用是感知外界的刺激資訊，並對它們做進一步的深加工。大腦內部就是白質了，是由神經纖維聚集而成，主要是用來傳遞指令的。男性的白質要比女性的高，因為白質是傳遞指令的，所以男性在空間認知上有更大的優勢。這就是為什麼生活中許多女人是路癡，而男性的方向感普遍要比女性強的原因了。女性的灰質則要高於男性，所以女性更擅長言語加工，對情緒性訊息比較敏感。

還有一種說法是，女人容易情緒化是由她的荷爾蒙決定的。女性從青春期到更年期，任何一個時期的荷爾蒙波動程度都要顯著大於男性，這也導致了女性的情緒波動要比男性大。女性的月經每月造訪一次，每次都要造訪好幾天，每次生理週期期間荷爾蒙的變化都會引發情緒的不穩。更不要說還有經前症候群、產後憂鬱症等等。而男性就無此煩惱了。

不過，我認為，這類從生物學的角度來解釋男女性情差異的說法，我們聽聽就好。其實，這些理論非但不能幫助我們女性成長，反而會讓我們為自己的方向感差、情緒化、刀子嘴、過度多愁善感找藉口。

難道當老闆訓斥我們太情緒化、當男朋友對我們的情緒化感到束手無策甚至想逃跑的時候，我們可以這樣回覆人家？——「對不起，我不是故意要情緒化的，只是我的杏仁核、我的大腦灰質和白質、我的荷爾蒙跟你不一樣，所以你得讓著我。」

生物學的解釋並不能幫我們從根本上找到解決問題的方法。而心理學領域關於情緒化的解釋，聽起來就客觀多了。

在心理學看來，女性相比男性，確實會更容易情緒化，我們也可以把女性稱作「情緒易感人群」，這和我們的成人依戀類型有關。

根據佛洛伊德的理論，我們可以知道，從成年人的行為中都能找到他童年經歷的痕跡，也就是說，你現在成年後的每一個行為模式和思維方式，都跟你的童年密不可分。為此，心理學家總結出了三種依戀類型：

最為理想的是**安全型依戀**：你在親密關係中很自然地表現出熱情和忠實，並能安心地依賴於別人，或者讓別人依賴你。你從不擔心被別人拋棄，而且非常獨立。

逃避型依戀：與別人親密時，會令你感到有些不舒服，你會緊張，甚至會感到不自在。而且，你發現自己很難完全相信和依靠他們。保持獨立性和距離感對你來說很重要。

焦慮——矛盾型（混合型）：當發現別人不樂意像自己希望的那樣與你親密時，你就會感到非常焦慮。可是跟別人在一起時，你又經常擔心自己並不被人喜歡和接受，擔心伴侶並不是真的愛自己，並非出自真心地想跟自己在一起。與此同時，你內心又非常渴望與人親密，這種渴望強烈到有時會嚇跑對方。因為與人親密的強烈渴望，大多數時候都是透過攻擊性和情緒化表現出來的。

大多數容易焦慮、容易情緒化的女性，都屬於焦慮矛盾型，而這跟我們父母早年的養育方式有關。比如，我們的母親本身就是容易焦慮的；或者是原生家庭重男輕女，不大重視女嬰的情感需求；又或者是父母的養育經驗不足造成的。

由此可見，女性容易情緒化還真不是她們故意為之。所以，男同胞們，你們對女性的這種行為是不是多了一層理解和領悟呢？下次碰到女人情緒化的時候，你們知道怎麼做了嗎？不用多說什麼，也不用多做什麼，給她們一個溫暖的擁抱足矣！

長期過度壓抑自己，怎能不情緒化呢？

女性情緒化其實還跟社會教育和社會文化有關。為什麼這麼說呢？

首先，女性是一個很容易被失敗感控制的性別，她們總是被教育青春太短，美貌易逝，而社會只會認可和稀罕年輕女人。「女人，你再不瘋狂就要老了」、「張愛玲都說了，出名要趁早」、「天下男人都一樣，只喜歡年輕女人」……各種標題黨洗版似地廣泛傳遞著焦慮。於是女人們被灌輸了太多對失敗的恐懼感，她們從來無法真正踏實地享受美好的青春，內心深處總有一種莫名的恐慌，總覺得趁著青春還在不抓住點什麼，人生就來不及了。於是，她們大量的精力和時間用來抓住男人，大把的金錢用來抓住青春，怕老也怕輸。這種青春和命運都不由自己掌控的無力感，會加重女性的情緒化。

其次，整個社會對女性的行為規範和價值期待跟男性有著很大的差異。

大多數女孩在成長過程中，最常聽到的批評就是「沒有女孩樣」。所謂的「女孩樣」大概就是舉止得體、乖巧安靜，表現出來的個性就是順從、壓抑、不搶、不爭！情緒化是被明令禁止的。彷彿只有這樣才能被稱為好女人。久而久之，女孩子們會在潛意識中按照社會期望的行為規範來行動。

長期過度地壓抑自己，直接影響的就是情緒的處理能力。人的情緒就像一個氣球，吹進去的負面情緒，你不去處理它，它就會以別的形式爆發。因此，女性的情緒一上來，又找不到發洩的出口，也不能像男人那樣用巴掌和拳頭去釋放，於是，她們要嘛表現為言語上的刻薄和咄咄逼人，要嘛就是被動攻擊——生氣了就不說話，或者是生氣也不說出來，而是用被動的、不積極的、慢吞吞不配合的、抵觸的行為來表現。

管理好情緒，才能遇見更好的自己

女人容易情緒化，跟生理、心理以及社會文化環境的影響都有關。生理方面的原因，我們無法改變，只能作為女性情緒化的合理解釋，由它去；心理方面的原因，我們無法回到過去，也無法讓人生重來，但是我們可以透過學習心理學，跟原生家庭和解，學會自己做自己的「完美父母」，完完全全地接納自己，學會愛自己來改變；社會文化方面的原因，則需要我們有意識地去主動調整和改變。

怎麼調整和改變呢？我分享給大家三個自救心法，希望對你有用。

方法一：學會為情緒畫像。

當你有負面情緒的時候，試著把它很具體地描述出來，可以描述給自己聽。例如，焦慮像一隻炸著毛的小刺蝟，毛還是紅色的，啊，它又來了，討厭，快走開；或者是把你心中關於負面情緒的感受，請注意，是感受，直接跟你的伴侶或者是最親近信賴、最讓你有安全感的人表達出來——我最近心情有點差，心裡總是莫名其妙地感到慌亂和恐懼，總擔心有什麼不好的事情要發生。請注意，只有坦誠地表達內心的真實感受，才叫作真正的心靈溝通。

方法二：學會圍繞目的上演「情緒戲碼」。

女人都愛給自己「加戲」，但是，加什麼戲將直接決定事情的走向。所以，女人在發脾氣、耍性子之前，要先想想你這一齣戲的目的到底是什麼。例如，你看到老公手機上有其他女人的曖昧訊息，好像那個女人對老公格外地體貼關切。如果你的目的是把老公的心拉回來，那麼，你需要做的就是圍繞這個目的開始動腦筋——是不是你最近忙於工作或是照顧孩子，對老公的關切體貼少了？或者乾脆兩人出去度個小假，重溫一下二人世界的甜蜜浪漫？你要做的是，趕快築起一道「藩籬」，別再讓老公的心逃出去了。而不是對著老公大吼大叫，歇斯底裡地質問他：「是不是外面有了別的女人？」或者跑去跟公婆哭訴。

這樣情緒化的你，男人們一刻也不想待在你的身邊，只想躲你躲得遠遠的。這樣的行為豈不是把男人往外推？

當一個女性學會了圍繞目的去上演「情緒戲碼」的時候，她才是真正成熟了，處理親密關係時才是智慧的。

方法三：多去收集和發掘積極情緒體驗。

前面我也講到過，人的情緒是有記憶的。心理學研究發現，女人的情緒記憶能力格外強，因此對那些不愉快的記憶印象非常深刻。這也是為什麼女人在吵架的時候格外愛掰扯雞毛蒜皮的事，動不動就上升到人格、人品素質的高度去詆毀對方。被情緒完全支配的女人，哪還有心情去就事論事？

人人都有情緒，管理好自己的情緒，才能遇見更好的自己。怎麼管理呢？學會和自己的情緒對話，學會和情緒握手言和，培養自己淡定而從容的內心，如此，我們才能收穫一份圓滿豐盈的人生。

幸福筆記

當你感受到哪個部位不舒服、緊張、難過的時候，就讓意念停留在那個地方，一般五秒鐘左右就可以了，仔細體察那種不舒服感、緊張感、難過感，直到那些感覺消失，自我感覺舒服為止，此時你的情緒也就自行離開了，身心歸於平靜。

高寶書版集團
gobooks.com.tw

GLA 072
自帶幸福的體質
心理諮商師的72場知心對話，養成情緒自處、情感自主的快樂體質
作　　者　青　音
責任編輯　陳柔含
封面設計　林政嘉
內頁排版　賴姵均
企　　劃　何嘉雯

發 行 人　朱凱蕾
出　　版　英屬維京群島商高寶國際有限公司台灣分公司
　　　　　Global Group Holdings, Ltd.
地　　址　台北市內湖區洲子街88號3樓
網　　址　gobooks.com.tw
電　　話　(02) 27992788
電　　郵　readers@gobooks.com.tw（讀者服務部）
傳　　真　出版部(02) 27990909　行銷部 (02) 27993088
郵政劃撥　19394552
戶　　名　英屬維京群島商高寶國際有限公司台灣分公司
發　　行　英屬維京群島商高寶國際有限公司台灣分公司
初　　版　2021年11月

國家圖書館出版品預行編目(CIP)資料

自帶幸福的體質：心理諮商師的72場知心對話,養成情緒自處、情感自主的快樂體質 / 青音著. -- 初版. -- 臺北市：英屬維京群島商高寶國際有限公司臺灣分公司, 2021.11
　面；　公分. --

ISBN 978-986-506-266-8(平裝)

1.人際關係　2.情緒管理　3.成功法

177.3　　110016753